세상에서 가장 재미있는
59가지 심리실험
위로와 공감편

출판은 사람과 나무 사이에서 이루어지는 가치 있는 일입니다.
도서출판 사람과나무사이는 의미 있고 울림 있는 책으로 독자의 삶을
좀 더 풍요롭게 만들기 위해 최선을 다하겠습니다.

NO WA SUKOBURU KAIRAKUSYUGI
Copyright © 2020 Yuji IKEGAYA, All rights reserved.
Original Japanese edition published in Japan by Asahi Shimbun Publications Inc., Japan.
Korean translation rights arranged with Asahi Shimbun Publications Inc., Japan
through Imprima Korea Agency.

이 책의 한국어판 저작권은 (주)임프리마 코리아 에이전시를 통해 저작권자와 독점 계약한
사람과나무사이에 있습니다. 저작권법에 의하여 한국 내에서 보호를 받는 저작물이므로
무단전재와 무단복제를 금합니다.

세상에서 가장 재미있는
59가지 심리실험

위로와 공감 편

다친 마음을 안아주는 효과적인 방법

이케가야 유지 지음
서수지 옮김 · 주노 그림

사람과
나무사이

세상에서 가장 재미있는
59가지 심리실험
위로와 공감편

개정판 1쇄 발행 2025년 11월 28일

지은이 이케가야 유지
옮긴이 서수지
펴낸이 이재두
펴낸곳 사람과나무사이
등록번호 제2024-000012호
주소 경기도 파주시 회동길 508(문발동 627-3), 스크린 405호
전화 (031)815-7176 팩스 (031)601-6181
이메일 saram_namu@naver.com
교정교열 이현미
일러스트 주노
표지디자인 박진범
본문디자인 유경희
인쇄·제작 도담프린팅
종이 아이피피(IPP)
영업 용상철

ISBN 979-11-94096-35-1 03180

잘못된 책은 구입하신 곳에서 바꾸어 드립니다.

"공감이란 상대가 신고 있던 신발을 신고
걸어보는 것이다."

― 인디언 속담

저자 서문

뇌과학을 연구하는
내가 행복한 과학자인 이유

『세상에서 가장 재미있는 59가지 심리실험―위로와 공감 편』은 《주간 아사히(週刊 朝日)》에 연재했던 에세이를 정리한 세 번째 책이다. 이 책에 실린 글은 주로 학술 논문에서 발표된 최신 과학적 발견을 간추리고 다듬어 소개하는 사적인 과학 감상문이다.

연재를 시작한 지 10년이 넘었다. 한 번도 쉬지 않고 매주 연재해 그동안 400편이 넘는 글을 소개했다. 전공 연구 분야에서는 농번기와 농한기처럼 바쁠 때도 있고 한가할 때도 있다. 이런저런 일정에 흔들리지 않고 매주 글을 쓰기가 가끔은 시간적으로나 육체적으로 버거웠지만 연재를 쉬겠다고 생각한 적은 한 번도 없다. 글쓰기가 재미있었기 때문이다.

  매일 아침 그날 나온 학술 논문을 적어도 100편, 대개 200편가량 훑어본다. 전업 과학자로서 최신 정보에 뒤처지지 않고 따라잡으려면 빼놓을 수 없는 일과다. 물론 논문 전체를 집중해서 들여다보지는 않는다. 대충 눈도장 찍고 넘어갈 정도로 훑어본다. 신문에 실린 100건 이상의 기사 중에서 표제와 첫 문장을 보고 관심 있는 것만 꼼꼼히 읽는 것과 비슷하다. 학술 웹사이트에는 신문처럼 신선한 내용이 매일 다양하게 올라온다. 그중에서 신경과학과 생명과학 관련 기사를 중심으로 100~200편가량 대강 훑어본다.

  학술 논문은 과학자가 인생을 걸고 진행한 실험과 조사를 발표하는 장이다. 논문 한 편을 완성하려면 연구팀 단위로 달라붙어도 대개 2~5년 걸린다. 그래서 허투루 쓴 논문은 한 편도 없고, 어느 논문에나 가슴 설레는 발견이 가득하다.

  그중에서도 특히 "여러분, 이 논문 좀 보세요!"라고 말하고 싶어 입이 근질거리는 흥미로운 발견이 담긴 논문들이 있다. 혼자 보기 아까운 이런 논문들을 소재로 연재 에세이를 쓴다. 일주일 동안 1,000편 이상의 논문을 확인한 뒤 선택한 상위 0.1퍼센트에 해당하는, 고르고 고른 소재들이다.

  감사하게도 나는 남들에게 '보여주고' 싶은 내 욕구를 과학자가 아닌 비전문가에게 발산하는 주간지 내 코너를 가지고 있다. 나처럼 복 받은 과학자가 얼마나 될까? 그래서 즐겁게 연재를 계속할 수 있었다.

그러나 10년 넘게 연재하다 보니 심경에 조금씩 변화가 생겼다. 일과와 연재의 역전 현상이라고 해야 할까? 지금은 매일 아침 논문을 점검하다가 재미난 논문이 눈에 띄면 '아싸, 연재 소재로 삼아야겠군!' 하며 횡재한 기분이 든다. 물론 연재 코너가 없어도 과학자에게 논문 점검은 빠뜨릴 수 없는 일이다. 그러나 이제는 논문 점검이 직업상 의무감이 아니라 에세이라는 아웃풋으로 이어지는, 내 일상의 즐거움으로 자리 잡았다.

이렇게 즐거운 일을 안정적으로 계속할 수 있는 것은 물론 독자 여러분 덕분이다. 전쟁터를 방불케 하는 치열한 소비형 미디어 사회에서는 독자가 없으면 지속적인 집필 기회를 얻을 수 없다. 이 책을 손에 든 분들과 연재를 읽어주신 분들께 진심으로 감사드린다. 물론 앞으로도 즐겁게 논문을 찾아 차근차근 소개하겠다고 약속한다. 이렇게 자연스러운 흐름이 형성되어 4권, 5권으로 이어진다면 더할 나위 없이 행복할 것이다.

이케가야 유지

차례

저자 서문 뇌과학을 연구하는 내가 행복한 과학자인 이유 … 6

CHAPTER 1 뇌는 어떻게 공감을 불러일으킬까?

심리실험 01 비슷한 사람끼리 서로 끌리는 심리의 뇌과학적 비밀은? … 21
막스플랑크연구소 리히터 박사팀의 '유유상종 원리 실험'

심리실험 02 사이좋은 개체끼리 무리를 형성하는 침팬지들은 다른 침팬지를 얼마나 신뢰할까? … 26
막스플랑크연구소 엥겔만 박사팀의 '침팬지 신뢰 게임 연구'

심리실험 03 조류에게도 인간과 같은 연애 감정이 있다는데?! … 30
막스플랑크연구소 일레 박사팀의 '조류 연애 감정 연구'

심리실험 04 젖먹이 아기가 깨진 접시 조각을 맞추며 원래 모습을 확인하려는 이유는? … 35
존스홉킨스대 슈탈 교수팀의 '확인 작업 본능 연구'

심리실험 05 '평균 얼굴'과 '좌우 대칭'이 보편적 아름다움의 기준이라고? … 39
글래스고대 존스 교수의 '보편적 아름다움 기준 연구'

심리실험 06 인간 어른의 인내력이 침팬지의 인내력에 비해 현저히 낮은 뜻밖의 이유는? … 44
미시간대 로사티 교수팀의 '동물 인내력 한계 실험'

심리실험 07 망각은 뇌 안에서 자동으로 작동하므로 멈출 수 없다고? … 50
워싱턴대 로디거 교수팀의 '자연 망각 현상 연구'

심리실험 08 동물은 맛있는 음식을 좋아하는 게 아니라 몸에 이익이 되는 음식을 맛있다고 느낀다는데?! … 54
미시간대 로사티 교수팀의 '맛있는 음식을 선호하는 현상 연구'

심리실험 09 운이 나빠서 암에 걸렸다는 말이 사실일까? … 59
존스홉킨스대 포겔슈타인 교수팀의 '암에 걸리는 이유 연구'

심리실험 10 창조력이 요구되는 직종일수록 도덕성이 낮다고? … 63
하버드대 지노 교수와 듀크대 애리얼리 교수팀의 '정직과 지능 관련성 연구'

심리실험 11 사람이 짝퉁을 걸치면 실제로 짝퉁 같은 존재로 변한다? … 68
하버드대 지노 교수팀의 '짝퉁을 구매하는 심리 연구'

심리 실험 12 자연은 어떻게 3,000개의 연어알 중 99.9퍼센트인 2,998개를 정확히 솎아낼까? … 74
빅토리아대 데어리몬트 교수팀의 '먹이사슬 관점에서 본 사람의 특수성 연구'

CHAPTER 2
뇌와 뇌를 결합하면 어떤 놀라운 일이 일어날까?

심리실험 13 뇌과학이 인간의 편견을 완화시킨다? … 81
노스웨스턴대 팰러 교수팀의 '편견 완화를 위한 수면 실험'

심리실험 14 뇌는 신체의 통증을 없애기 위한 독특한 신경회로를 발달시켰다는데?! … 86
도쿄대 이케가야 교수의 '뇌 통각 제거 신경회로에 관한 연구'

심리실험 15 쥐와 사람 모두 초기에 많이 실패할수록 최종 성공률이 눈에 띄게 높아진다는데?! … 92
도쿄대 이케가야 교수팀의 '미로에서 쥐를 이용한 최단 거리 찾기 실험'

심리실험 16 사진을 한 장만 보여줄 때보다 한꺼번에 여러 장 보여줄 때 매력도가 높아지는 경향의 뇌과학적 근거는? … 96
캘리포니아대 판 오스 교수팀의 '치어리더 효과 실험'

심리실험 17 뇌는 잠재 능력이 뛰어나 아무리 나이를 먹어도 갈고닦을 수 있다는데?! … 101
도쿄대 이케가야 교수팀의 '앞 못 보는 쥐를 대상으로 한 미로 찾기 탐색 실험'

심리실험 18 쥐의 뇌도 사람의 뇌처럼 탁월한 '병행 처리 능력'을 갖고 있다고? … 106
도쿄대 이케가야 교수의 '뇌 신경세포에 관한 연구'

심리실험 19 기억을 모두 상실하면 '시간 변화'를 감지할 수 없는 뇌과학적 근거는? … 110
도쿄대 이케가야 교수의 '뇌와 기억, 시간에 관한 연구'

심리실험 20 뇌과학적으로 수학이 다른 과목보다 유독 호불호가 심한 이유는? … 115
옥스퍼드대 카도시 교수팀의 '배외측 전전두피질 자극 활성화 실험'

심리실험 21 어린 시절 젓가락질을 전혀 해보지 않은 서양인이 동양인 못지않게 젓가락질을 잘하는 뇌과학적 근거는? … 119
예일대 핀 교수팀의 '뇌 활동을 통한 버릇 확인 실험'

심리실험 22 뇌와 뇌를 결합하면 어떤 놀라운 일이 벌어질까? … 125
듀크대 니콜렐리스 교수팀의 '브레인넷 이론'

심리실험 23 뇌는 고생하지 않고 얻는 것보다 뭔가 대가를 치르고 얻는 것을 선호한다고? … 130
도쿄대 이케가야 교수의 '콘트라프리로딩 효과 실험'

심리실험 24 출발 시간이 크게 다른 두 대의 엘리베이터가 어느 시점에 거의 비슷한 층에 서는 것은 어떤 원리 때문일까? … 134
율리히연구소 갈라스 박사의 '자기조직화 떠오름 현상 실험'

CHAPTER 3
"칭찬은 고래도 춤추게 한다"가 뇌과학적으로 위험한 까닭

심리실험 25 단맛 뇌 영역을 자극하면 실제로 '단맛'을 핥을 때와 같은 반응을 보인다고? … 141
국립싱가포르대 라나싱어 교수팀과 컬럼비아대 펭 교수팀의 '가상 미각을 환기하는 두 가지 방법'

심리실험 26 직업 음악가가 소음이 심한 환경에서도 대화에 어려움을 겪지 않는 뇌과학적 근거는? … 145
노스웨스턴대 크라우스 교수팀의 '뇌파 추적을 통한 소리 식별 능력 테스트'

심리실험 27 보수파는 웃을 때 입꼬리가 올라가도 눈은 웃지 않는 '가식적 웃음'을 짓는 사람이 많다는데, 이유가 뭘까? … 150
캘리포니아대 디토 교수팀의 '행복도에 관한 설문 조사'

심리실험 28 뇌과학적 관점에서 "칭찬은 고래도 춤추게 한다"라는 주장이 소름 끼치는 이유는? … 154
프랑스 국립과학연구센터 벤체나네 박사팀의 '뇌를 조작해 취향 바꾸기 실험'

심리실험 29 머릿속 생각이 뇌과학적으로 어떻게 키보드를 통해 화면에 나타날까? … 158
도쿄대 이케가야 교수의 '쓰고자 하는 의지의 정체에 관한 연구'

심리실험 30 뇌는 상상력으로 보충해서 기억에 있는 '이상적인' 이미지를 볼 수 있는 특별한 능력을 가졌다는데?! … 161
유스투스리비히기센대 게겐푸르트너 교수팀의 '바나나 이미지를 이용한 색감 인식 실험'

심리실험 **31** 어린 시절 독서를 열심히 하면 두뇌 계발에 도움이 된다고? … 166
프랑스 국립보건의학연구소 페가도 박사팀의 '독서 뇌 반응 효과 연구'

심리실험 **32** '현실'과 '꿈', '환각'의 차이는 무엇일까? … 172
교토대 가미타니 교수팀의 '수면 중 뇌 활동을 통해 꿈 알아맞히기 실험'

CHAPTER 4 '부모에게 학대받은 아이가 부모를 더 사랑한다'는 뇌과학의 역설

심리실험 **33** 아이를 좋아하지 않던 여성도 자식에게 사랑을 쏟게 하는 옥시토신의 놀라운 비밀은? … 181
바일란대 아브라함 교수팀의 '육아와 옥시토신 분비량 관계 연구'

심리실험 **34** 도덕적인 부모 아래에서 도덕적인 아이가 태어나고 자랄 수밖에 없는 뇌과학적 근거는? … 186
시카고대 드세티 교수팀의 '유아 도덕적 행동 실험'

심리실험 **35** 개인 간 의욕 차이의 43퍼센트는 '유전'에 달려 있다는데?! … 191
톰스크주립대 코바스 교수팀의 '의욕과 유전 관계 실험'

심리실험 **36** '부모에게 학대받은 아이가 부모를 더 사랑한다'는 소름 끼치는 뇌과학의 역설은? … 196
뉴욕대 설리번 교수팀의 '쥐를 이용한 공포 조건화 실험'

심리실험 **37** 바람둥이 수컷 프레리들쥐가 오히려 짝을 빼앗길 위험성도 높은 이유는? … 200
텍사스대 오코밧 교수팀의 '수컷 프레리들쥐 바람둥이 기질 분석'

심리실험 **38** 인류가 세대를 거듭할수록 덩치가 커지고 똑똑해진 비결은 '이계교배' 덕분이다?! … 206
에든버러대 조시 교수팀의 '이계교배 이득 연구'

CHAPTER 5 인간의 뇌는 인공지능과의 경쟁에서 살아남을 수 있을까?

심리실험 39 미래 세대에게 안정적으로 자산을 대물림하려면 현재 내 몫의
얼마를 물려줘야 할까? … 213
하버드대 노왁 교수팀의 '미래와 협력 실험'

심리실험 40 점점 더 많은 사람이 왜 자신의 내밀한 심리 문제를 인간이 아닌
인공지능과 상담할까? … 217
하버드대 보해넌 교수팀의 '인공지능 카운슬링 선택 환자 빈도 연구'

심리실험 41 유전자의 관점에서 사람이 다른 생물, 심지어 효모보다
우수하지 않은 이유는? … 222
컨커디어대 카츠루 교수팀의 '효모 인간화 프로젝트'

심리실험 42 온도에 따라 생명의 수명이 달라진다는 게 사실일까? … 226
프랑스 국립과학연구센터 베스티옹 박사팀의 '도마뱀을 이용한 발달 촉진 실험'

심리실험 43 컴퓨터는 어떻게 사람만이 가진 직관 등 고차원적 능력이
요구되는 장기에서 인간을 뛰어넘을 수 있었나? … 232
도쿄대 이케가야 교수의 '사람의 장기 실력을 넘어선 인공지능에 관한 고찰'

심리실험 44 AI는 궁극적으로 인간의 지능을 뛰어넘을 수 있을까? … 236
구글 인공지능 개발팀의 '강화 학습의 심층 학습 응용 연구'

심리실험 45 AI가 '새로운 문자'까지 창안할 수 있다고? … 241
뉴욕대 레이크 교수팀의 '문자를 통한 분류력과 창조력 실험'

심리실험 46 물 위에서 자유롭게 이동하고 점프하는 소금쟁이의 경이로운
능력을 응용한 로봇 개발에 성공했다는데?! … 247
서울대 조규진 교수팀의 '경량형 수상 도약 로봇'

심리실험 47 디저트 등에 사용되는 '바닐라 풍미'가 대부분 합성 인공 첨가물이라고? … 252
도널드댄퍼스식물과학센터 월츠 박사의 '미생물 합성 연구'

CHAPTER 6 인간이 자기 외모에 유난히 너그러운 뇌과학적 이유

심리실험 48 전기충격을 받은 프레리들쥐가 다른 프레리들쥐의 그루밍을 받은 후 불안감이 눈에 띄게 감소했다고? … 259
에모리대 버킷 교수팀의 '프레리들쥐 그루밍을 통한 위로와 공감 실험'

심리실험 49 지휘 능력이 뛰어난 비둘기가 아니라 비행 능력이 뛰어난 비둘기가 대장이 된다? … 263
옥스퍼드대 비로 교수팀의 '비둘기 대장 선출 과정 연구'

심리실험 50 포커를 이용해 인간 사회를 근본적으로 변화시킬 수 있다는 주장이 사실일까? … 267
앨버타대 볼링 교수팀의 '체스 최적해 발견'

심리실험 51 자신에 대한 다른 사람의 외모 평가보다 자기 외모 평가가 평균 34퍼센트 높은 뇌과학적 이유는? … 271
플로리다 임상 및 미용연구센터 네스터 박사팀의 '자기 평가 선호도 실험'

심리실험 52 농담은 '상대방보다 우위에 서는 전략'으로 효과를 발휘한다? … 277
위스콘신대 칸토어 교수의 '농담 효력 조사'

심리실험 53 어떤 상황에서도 절대 지지 않는 가위바위보 필승법이 어떻게 가능할까? … 282
도쿄대 이시카와 교수팀의 '100퍼센트 확률로 이기는 가위바위보 로봇 개발'

심리실험 54 국경과 인종을 초월해 혈액형이 가장 중요한 자살 요인이라고? … 287
카롤린스카연구소 발그렌 박사팀의 '말라리아와 혈액형 관계 연구'

심리실험 55 인간이 다른 동물과 달리 엄지손가락을 반대 방향으로 향한 채 힘을 줄 수 있는 기묘한 관절을 발달시킨 까닭은? … 291
켄트대 스키너 교수팀의 '인간 무지대향성 입증 연구'

심리실험 56 지구상에 존재하는 나무 수가 우리은하 별 수보다 10배 더 많다는데? … 296
일리노이대 크라우서 교수팀의 '전 세계 수목 수 측정 프로젝트'

심리실험 57 사람의 가마 90퍼센트가 '왼쪽으로 돌아가는 모양'인 흥미로운 이유는? … 300
도쿄대 이케가야 교수의 '가마가 좌우 대칭이 아닌 이유에 관한 고찰'

심리실험 58 사람은 한평생 평균 지구 세 바퀴 반 거리를 걷는다고? … 304
카네기멜런대 콜린스 교수팀의 '보행 시 골격과 근육 운동을 통한 사람의 약점 규명'

심리실험 59 고수의 고유한 자극취를 느끼고 좋아하는 사람이 14퍼센트에 불과하다는데?! … 310
도쿄대 이케가야 교수의 '고수 유전자 분석과 풍미 조사'

참고문헌 … 316

CHAPTER
1

뇌는 어떻게 공감을 불러일으킬까?

심리실험 01

비슷한 사람끼리 서로 끌리는 심리의 뇌과학적 비밀은?

막스플랑크연구소 리히터 박사팀의 '유유상종 원리 실험'

독일 막스플랑크연구소 나드야 리히터 박사 연구팀은 비슷한 사람끼리 서로 끌리는 점에 관한 연구를 진행했다. 다섯 살 어린이 96명에게 사진을 보여준 뒤 좋아하는 얼굴을 고르라고 했다. 모두 낯선 사람의 사진인데, 그중 한 장은 합성기술을 이용해 자기 얼굴의 특징이 50퍼센트 반영된 '약간 닮은 얼굴'이었다. 실험에 참여한 어린이가 자기와 닮은 사진을 선택한 비율은 다른 사진보다 30퍼센트 높았다. 어린이들은 본능에 끌려 자연스럽게 자기와 닮은 사람을 선택했다.
비슷한 사람끼리는 서로 끌리는 '이점'이 있을까? '유유상종'은 기나긴 진화의 생존 전략으로, 뇌에 자연스럽게 깔린 기본 프로그램이라고 할 수 있다.

유유상종(類類相從)이란 비슷한 사람끼리 모인다는 뜻인데, 주위를 둘러보면 실제로 끼리끼리 모이는 경향이 있다. 왜 비슷한 사람끼리는 서로 끌릴까?

 하지만 이런 반론을 제기할 수도 있다. "비슷해서 친해진 것이 아니라, 같은 집단에서 어울리다 보니 비슷하게 닮아간 것이다." 물론 일리 있는 주장이다. 친구끼리는 같이 있는 시간뿐 아니라 정보나 행동도 많은 부분 공유해 사고방식과 취향이 비슷해질 가능성이 크다. 그러나 이 주장은 완벽하지 않다. 애초에 어떤 기준으로 '친구'가 되었을까? 처음부터 비슷한 사람끼리 서로 끌릴 가능성이 높지 않을까? 이런 질문에 제대로 설명할 수 없기 때문이다.

 취미와 신념 혹은 직종이 같으면 암묵적 전제가 공유되고 공통 화제가 늘어나 첫 만남에서도 이야기꽃을 피우기 쉽다. 서로 이야깃거리가 많아 분위기가 무르익으면 즐겁고 자연스럽게 좋은 집단으로 발전한다.

 비슷한 사람끼리는 각종 행사나 즐겨 찾는 인터넷 사이트 혹은 단골 가게와 직장 등이 겹치거나 비슷할 확률이 높다. 그러다 보니 서로 만날 기회도 많아 동료의식이 싹틀 조건이 갖

취진다. 하지만 '유유상종'의 원리가 이 정도로 간단할까? 예를 들어, 이름이나 고향이 같다는 이유만으로 동료의식이 싹트는 현상을 어떻게 설명할까? 자신과 생일이 같은 유명인에게 일방적으로 친밀감을 느끼는 사람도 적지 않고, 자신과 외모가 비슷해도 친근감을 느낀다. 다시 말해, 낯선 사람이라도 나와 닮은 상대에게는 무조건 호감을 느낀다. 정보 공유와 만남의 빈도만으로는 이런 경향을 설명할 길이 없다.

관점을 바꿔 이런 의문을 제기해보자. 비슷한 사람끼리는 서로 끌리는 '이점'이 있을까? 이 질문의 답을 찾으려면 이런 심리가 언제 싹텄는지 어린 시절까지 거슬러 올라가야 한다.

독일 막스플랑크연구소의 나드야 리히터(Nadja Richter) 박사 연구팀은 이 관점에서 연구를 진행했다. 연구팀은 다섯 살 어린이 96명에게 사진을 보여준 뒤 좋아하는 얼굴을 고르라고 했다. 사진 속 사람은 모두 낯선 얼굴이었고, 그중 한 장은 합성기술을 이용해 자기 얼굴의 특징을 50퍼센트 반영한 것이었다. 다시 말해, 나와 '약간 닮은 얼굴'이었다. 실험에 참여한 어린이가 자기와 닮은 사진을 선택한 비율은 다른 사진보다 30퍼센트 높았다. 아이들은 자기와 닮은 사람을 고르도록 특별한 훈련을 받지 않았다. 즉, 본능에 이끌려 자연스럽게 자기와 닮은 사람을 선택한 것이다.

뇌는 '미지의 위험'에 민감하게 반응한다. 상황을 충분히 파악하지 못하면 어딘가에 위험이 도사리고 있다고 걱정하며 조심하고 몸을 사린다. 예를 들어, 깜깜하고 후미진 골목길에서는 아무래도 불안해서 발걸음이 빨라진다. 조금이라도 시야가 트인 밝고 안전한 장소로 가고 싶어 종종걸음을 친다. '보이지 않는' 상황은 공포다.

이와 마찬가지로 낯선 사람에게 둘러싸일 때는 조금이라도 아는 얼굴(예컨대 자기 얼굴)과 비슷한 구석이 있는 사람을 찾으려고 두리번거리는데, 이런 심리는 잠재적 위험을 회피하기 위한 욕구다. 다시 말해, 끼리끼리 모이는 '유유상종'은 기나긴 진화의 생존 전략으로, 뇌에 자연스럽게 깔린 기본 프로그램이라고 할 수 있다.

심리실험 02

사이좋은 개체끼리 무리를 형성하는 침팬지들은 다른 침팬지를 얼마나 신뢰할까?

막스플랑크연구소 엥겔만 박사팀의 '침팬지 신뢰 게임 연구'

막스플랑크연구소 얀 엥겔만 박사 연구팀은 5개월에 걸쳐 총 15마리로 이뤄진 침팬지 집단을 관찰해 '친밀도'를 평가하고 무작위로 두 마리를 짝지어 신뢰 게임을 반복했다. 짝이 된 한 마리에게 두 개의 선택지를 주었다. ①을 선택하면 선호도가 떨어지는 먹이가 나오고, ②를 선택하면 선호도가 매우 높은 먹이가 '짝꿍' 침팬지에게 급여된다. 만약 상대방을 신뢰할 수 없다면 ①을 고르는 것이 안전하고, 상대방의 보답을 기대할 수 있다면 ②를 고르는 것이 현명한 선택이다. 다음번 실험에서 상대방도 ②를 선택해줄 가능성이 있기 때문이다. 이런 상황에서 침팬지는 상대방이 단짝이었을 때는 ②를 고를 확률이, 단짝이 아닌 침팬지와 비교해 약 2배 상승한다는 사실을 알아냈다. 즉, 우호 관계와 신뢰는 밀접한 연관이 있다.

"당신에게 친구란 무엇인가요?"

고등학생 때 면접관에게서 이런 질문을 받은 적이 있다. 일부러 까다로운 질문을 주고, 그 반응으로 인간성을 떠보는 일명 '압박 면접 작전'은 면접에서 자주 등장하는 기술이다. 그러나 나는 뜻밖의 질문에 우물쭈물하며 식은땀만 흘렸다.

"모르겠습니다. 친구는 그냥 친구죠."

겨우 이렇게 대답했다. 30년이 지난 지금도 나는 정답을 알지 못한다. 다만 뇌 연구 전문가의 견지에서 친구의 의미에 관해 고찰할 수는 있다.

사람은 사회성을 지닌 생물이다. 타인과 대화와 교섭, 거래를 통해 소통한다. 사교란 요컨대 '신뢰'다. 그러면 신뢰란 무엇인가? 경제학에서는 신뢰를 다음과 같이 정의한다.

> A 씨가 상품, 금전 등의 자원을 법적 구속력을 부과하지 않고 자발적으로 B 씨의 재량에 맡길 때, A 씨는 B 씨를 '신뢰'한다.

대개 신뢰는 언젠가 이익으로 돌아온다고 예상되는 상황에서 발생한다. 당연히 신뢰에는 필연적으로 리스크가 뒤따른다. 그래서 상대방에게 배신당하면 '그때 신뢰하지 않았다면 손해 보지 않았을 텐데' 하며 후회한다.

배신으로 생기는 피해의 위험성을 줄이는 한 가지 방법은 특정한 거래 상대와 친밀한 관계를 구축해 장기적으로 바람직한 교제를 유지하는 것이다. 이것이 '친구'의 기원이다. 우호 관계를 맺으면(즉, 상호 '신뢰'할 수 있으면) 거래의 안전성을 확보할 수 있다. 여기서 하나의 결론을 얻게 된다.

문: 친구란 무엇인가?
답: 배신에 대한 방어책.

무미건조한 느낌이 들지만, 참으로 명쾌하다. 그래서 이 대답이 과학적으로 정말 타당한지 검증하기 위해 사람 이외의 동물로도 신뢰와 우호가 동전의 양면과 같은 관계인지 분석해 보았다. 침팬지는 사이좋은 개체끼리 무리를 형성한다. 즉, 특정한 상대와 우호 관계를 맺는다. 그렇다면 침팬지들은 다른 침팬지를 신뢰할까?

막스플랑크연구소의 얀 엥겔만(Jan M. Engelmann) 박사 연구팀은 과학 저널 《커런트 바이올로지(Current Biology)》에 5개월에 걸쳐 총 15마리로 이뤄진 침팬지 집단을 관찰해 '친밀도'를 평가하고 무작위로 두 마리를 짝지어 신뢰 게임을 반복한 결과를 담은 논문을 발표했다.

연구팀은 짝이 된 침팬지 두 마리 중 한 마리에게 두 개의 선택지를 주었다. ①을 선택하면 선호도가 낮은 먹이가 나오고, ②를 선택하면 선호도가 매우 높은 먹이가 '짝꿍' 침팬지에게 제공된다(선택한 침팬지는 아무것도 먹을 수 없다). 만약 상대방을 신뢰할 수 없다면 ①을 고르는 것이 안전하고, 상대방의 보답을 기대할 수 있다면 ②를 고르는 것이 현명한 선택이다. 다음번에 상대방도 ②를 선택해줄 가능성이 있기 때문이다. 이런 상황에서 침팬지는 상대방이 단짝이었을 때는 ②를 고를 확률이 단짝이 아닌 침팬지와 비교해 약 2배 상승했다. 즉, 우호 관계와 신뢰는 밀접한 연관이 있다.

신뢰는 '용기'를 시험당하는 행위다. 그러나 신뢰는 털을 골라주거나, 먹이를 공유하거나, 공동 작업을 하는 등 사회적 행동의 기점이기도 하다. 사람은 아직 원숭이였던 시절부터 줄곧 타인을 신뢰한다는 '용기'를 겸비해왔다. 이 가슴 훈훈한 실험 결과에 용기가 솟아난다.

앞에서 소개한 면접 때 투박한 대답을 했던 나는 다행히 '합격'했다. 아마도 면접관이 나를 '신뢰'했던 모양이다. 그때 받은 장학금으로 나는 무사히 대학교를 졸업할 수 있었다.

심리실험 03

조류에게도 인간과 같은 연애 감정이 있다는데?!

**막스플랑크연구소 일레 박사팀의
'조류 연애 감정 연구'**

연애는 사람만 느끼는 감정이라고 여겨졌다. 그런데 막스플랑크연구소 말리카 일레 박사 연구팀은 조류에게도 연애의 원형에 해당하는 감정이 있다는 가설을 주장했다. 그리고 금화조를 활용한 실험에서 이 사실을 증명했다. 포유류와 반대로 조류의 약 90퍼센트는 거의 일부일처제다. 연구팀은 금화조 암수 각각 20마리를 새장에 넣은 뒤 절반에게는 자유롭게 짝을 맺어 번식하도록 하고, 나머지 절반에게는 암수를 떼어놓고 일부러 다른 짝과 맺어주었다. 그러자 스스로 짝을 선택한 쪽이 강제로 맺어준 쪽보다 37퍼센트나 많은 자손을 남겼다. 알의 부화 정도가 아니라 알에서 태어난 새끼를 얼마나 정성스럽게 돌보는지로 차이가 발생했다. 즉, 유전적 궁합이 아니라 행동적 궁합이 열쇠였다.

사람은 대부분 일부일처제를 따른다. 사람 말고도 일부일처제를 고수하는 생물이 있지만, 대다수 동물은 불특정 다수와 교미해 자손을 번성한다. 포유류 중에서 일부일처제를 유지하는 종은 고작 3퍼센트밖에 되지 않는다.
 일부일처제의 이점은 무엇일까? 다양한 가설이 나왔는데, 정답은 알 수 없다. 그런데도 많은 사람이 일단 선택한 상대와 검은 머리가 파뿌리 되도록 해로하고 자손을 만든다. 그런 까닭에 반려자를 선택할 때 심사숙고한다. 최근에는 만남의 형태가 결혼정보 회사나 미팅, SNS 등 참으로 다양해졌다. 그러나 '맺어지는 과정'은 예나 지금이나 별반 다르지 않다. 어색한 데이트를 몇 차례 반복하고, 때로는 억울하게 차이기도 하고, 운이 따르면 좋은 사람을 만나 맺어지기도 한다.
 반복하고 싶지 않은 골치 아픈 과정을 거쳐 수많은 주변의 이성 중에서 조금씩 후보자를 좁혀, 최종적으로 '운명의 한 사람'을 선택한다. 그러나 사람은 생물인 이상 자연도태의 압력에 노출된다. 반려자 선택에 들이는 에너지와 시간이 도를 넘으면 번식기를 놓쳐 자손의 번영에 불리해진다. 다시 말해, 전 세계에서 나에게 꼭 맞는 사람을 찾아내거나, 적당히 주변 사람 중에서 괜찮은 사람을 골라 만족하는 트레이드오프(trade off) 관계다. 트레이드오프는 무언가를 얻으려면 반드시 반대급부로 무언가를 희생해야 한다는 경제 관계다. 이렇게 이익이 상충하는 과정에서 궁극적으로 우리는 눈앞의 후보자를 저울질하며 '거절한다'와 '교미해서 번식한다' 중에서 양자택일을 강요받는다.

이 어색함을 감춰주는 심리가 연애다. 연애 상태에 빠지면 마음에 둔 상대 외에는 눈에 들어오지 않는다. 그러면 (사실과 별개로) '이 사람이야말로 천생연분이다'라고 굳게 믿는다. 연애라는 (눈에 콩깍지가 씐 상태에서) 감정 덕분에 반려자 찾기 비용이 대폭 감소해 인류는 멸종 위기에서 벗어날 수 있다.

연애는 사람만 느끼는 감정이라고 여겨졌다. 그런데 막스플랑크연구소의 말리카 일레(Malika Ihle) 박사 연구팀은 의외로 조류에게도 연애의 원형에 해당하는 감정이 있다는 가설을 주장했다. 그리고 금화조를 활용한 실험에서 이 사실을 증명했다.

포유류와 반대로 조류의 약 90퍼센트는 거의 일부일처제다. 금화조도 예외가 아니다. 연구팀은 금화조 암수 각각 20마리를 새장에 넣은 다음, 절반은 자유롭게 짝을 맺어 번식하도록 하고, 나머지 절반은 암수를 떼어놓고 일부러 다른 짝과 맺어주었다.

그랬더니 스스로 짝을 선택한 쪽이 강제로 맺어준 쪽보다 37퍼센트나 많은 자손을 남겼다. 알의 부화 정도가 아니라 알에서 태어난 새끼를 얼마나 정성스럽게 돌보느냐로 차이가 발생했다. 즉, 유전적 궁합이 아니라 행동적 궁합이 열쇠였다. 한마디로 '서로 잘 통하는가'가 가장 중요했다. 연구팀이 주장하듯 이는 연애와 비슷한 현상이다.

연애 외에 이 정도로 무조건 타인에게 쏟아붓는 감정은 자식 사랑이 유일하다. 실제로 부모의 자식 사랑은 연애할 때의 뇌 활동과 비슷하다. 기나긴 진화를 고려하면, 몸을 바쳐서라도 새끼를 지키고 키우려는 육아 본능이 먼저 발달했을 것으로 추정된다. 그리고 다음 단계로 이 '몰두' 전용 뇌 회로의 용도가 변경되어 연애 감정이 탄생했을 가능성이 크다. 자식 사랑과 연인에 대한 애정은 '특정 개인'에게 마음을 쏟는다는 공통점이 있다. 무엇보다 '자손 번영'이라는 궁극의 목적을 공유한다.

심리실험 04

젖먹이 아기가 깨진 접시 조각을 맞추며 원래 모습을 확인하려는 이유는?

존스홉킨스대 슈탈 교수팀의 '확인 작업 본능 연구'

미국 존스홉킨스대학교 에이미 슈탈 교수 연구팀은 11개월 젖먹이에게 움직이는 장난감이 벽에 부딪혀 멈추는 장면과 탁자 끝에서 떨어지는 모습을 보여주었다. 동시에 속임수를 사용해 벽에 충돌하지 않고 그대로 통과하는 장면과 탁자에서 떨어지지 않고 그대로 공중으로 굴러가는 장면을 보여주었다. 이처럼 부자연스러운 장면을 마주하면, 아기는 그 불가사의한 물체에 다가가서 손으로 잡고 벽에 부딪히거나 떨어뜨리는 행동을 몇 차례 반복하며 확인한다. 확인 작업의 본능은 아기에게도 내재해 있다.

'확인하고 싶다'는 욕망은 사람이 도구를 발명하거나, 과학 기술을 발달시키거나, 남의 사생활을 궁금해하거나, 흥미 위주의 가벼운 뉴스 프로그램을 즐기는 밑바탕이 된다. 즉, 고도로 발달하면 '학습 욕구'가 되고, 앞뒤 가리지 않고 내달리면 '오지랖'이 된다.

실수로 접시를 떨어뜨려 두 조각으로 깨졌을 때 사람들은 희한하게 두 개의 파편을 맞춰본다. 당연히 파편은 꼭 맞고 원래 접시의 형상이 된다.

어린 시절, 내가 깨진 조각을 필사적으로 맞추려는 모습을 보며 어머니가 웃음을 터트리셨다.

"그걸 왜 굳이 맞추려고 하니?"

맞춰봤자 깨진 접시를 원래대로 되돌릴 수는 없다.

어쩌면 딱 맞춘다는 행위 자체가 쾌감일 수도 있다. 퍼즐에 빠진 사람이라면 누구나 아는 바로 그 기분 말이다. 하지만 이 정도로는 대답이 되지 않는다. 사람이 퍼즐이라는 여흥을 만들어냈다는 사실 자체가 불가사의다. 왜 퍼즐을 맞추면서 쾌감을 느낄까?

어쩌면 퍼즐을 맞추는 행동에는 '확인하고 싶다'는 심리가 잠재되어 있을지도 모른다. 희한하게 사람은 진실을 알면 쾌감을 느낀다.

진실을 탐구하는 행동은 생존에 유리한 측면이 있다. 예를 들어, 발바닥이 아플 때 단순한 통증이 아니라 통증의 원인을 찾아서 찔린 가시를 빼내거나, 앞으로 가시가 있는 위험한 장소를 맨발로 걷지 않겠다고 대책을 세우는 것이 바람직하기 때문이다.

이 '확인하고 싶다'는 욕망은 사람이 도구를 발명하거나, 과학 기술을 발달시키거나, 남의 사생활을 궁금해하거나, 흥미 위주의 가벼운 뉴스 프로그램을 즐기는 밑바탕이 된다. 즉, 고도로 발달하면 '학습 욕구'가 되지만 앞뒤 가리지 않고 내달리면 '오지랖'이 된다.

확인 작업의 본능은 아기에게도 내재해 있다. 미국 존스홉킨스대학교 에이미 슈탈(Aimee E. Stahl) 교수 연구팀은 교묘한 실험으로 이 사실을 증명했다. 연구팀은 11개월 젖먹이에게 움직이는 장난감이 벽에 부딪혀 멈추는 장면과 탁자 끝에서 떨어지는 모습을 보여주었다. 동시에 속임수를 사용해 벽에 충돌하지 않고 그대로 통과하는 장면과 탁자에서 떨어지지 않고 그대로 공중으로 굴러가는 장면을 보여주었다. 이 장면들은 물리 법칙에 어긋난다.

이처럼 부자연스러운 장면을 마주하면, 아기는 그 불가사의한 물체에 다가가서 손으로 잡고 벽에 부딪히거나 떨어뜨리는 행동을 몇 차례 반복하며 확인한다. 반대로 예상대로 움직인 물체에는 시큰둥한 반응을 보인다. 직접 확인한 물체는 그 후 잘 기억한다는 사실이 중요하다.

젖먹이가 이미 물리 법칙을 습득하고 있다는 점도 흥미롭다. 이 시기부터 예상과 확인의 교차 검증을 통해 자기 지식을 '갱신'하려고 시도하는 본능이 갖춰져 있다는 점에 주목해야 한다. 사람은 타고난 과학자다.

어른의 눈에는 '질리지도 않고 반복해서 노는구나'라고 느껴질 정도로 아기는 같은 놀이를 몇 번씩 되풀이한다. 이런 작업은 단순한 '유희'가 아니라 자기가 살아가는 세상의 이치를 뇌에 적용하기 위한 필사적인 확인 작업이다.

누가 하라고 등 떠밀지 않았는데 무심코 깨진 접시를 맞추는 무의식적인 행동도 살아가는 데 심오한 의미가 있음을 이해할 수 있다.

심리실험 05

'평균 얼굴'과 '좌우 대칭'이 보편적 아름다움의 기준이라고?

**글래스고대 존스 교수의
'보편적 아름다움 기준 연구'**

스코틀랜드 글래스고대학교 베네딕트 존스 교수는 보편적인 아름다움의 기준으로 '평균 얼굴'과 '좌우 대칭'을 들었다. '평균 얼굴'이 선호되는 이유는 자기중심적 편향 때문이고, '좌우 대칭'은 유전적 기형과 감염병이 없고 건강하게 발달한 증거이기 때문이다.

영국 브리스틀대학교의 이언 펜턴보크 교수 연구팀은 요염함, 육감적 몸매, 근육질에 떡 벌어진 어깨와 큰 키 등 이른바 '여성스러움'과 '남성스러움'은 비교적 최근 시대에 사회적 가치를 지녔다고 주장한다. 연구팀이 다양한 지역의 12개 민족을 대상으로 무엇을 매력적이라고 느끼는지 조사한 결과, 우리가 전형적으로 느끼는 아름다움의 기준은 서구적 스타일의 선진국에서만 통하는, 매우 고정된 기준이라는 사실이 밝혀졌다. 그렇다면 아름다움의 절대적 기준은 없을까?

눈앞에 엄청 늘씬한 여자가 잘 차려입고 걸어간다. 얼굴이 얼마나 예쁠지 궁금하다. 그렇다고 앞질러 가서 얼굴을 확인하는 건 너무 노골적이다. 그럴 때는 반대쪽에서 오는 남자들의 시선을 관찰하면 어느 정도 판단할 수 있다. 어린 시절 책에서 읽으며 그럴듯해 웃어넘겼는데, 어찌나 인상 깊었던지 지금도 또렷하게 기억하고 있다.

사람은 잘생기고 예쁜 사람, 즉 미남과 미녀를 좋아한다. 잘생기고 예쁜 사람을 워낙 좋아해서 "사람을 겉모습만으로 판단하면 안 된다"라는 말을 가슴에 새기고 마음을 다잡아야 할 정도다. 그래서 입으로는 "사람은 외모가 다가 아니야"라고 그럴듯하게 포장하지만, 잘생기고 예쁜 사람을 보면 시선이 가기 마련이다.

미인을 바라보는 순간 뇌의 활동을 기록하면 안와전두피질(orbitofrontal cortex, OFC)을 포함한 보수계 전반이 활성화한다. 돈을 벌었을 때 활성화하는 부위와 같다. 다시 말해, 미인을 바라보는 행동은 '상'과 같다. 반면 못생긴 사람을 보면 돈을 잃었을 때 활성화되는 뇌 부위가 활동한다. 즉, 못생김은 '벌'과 같다. 너무 노골적이지만, 이것이 우리 뇌가 말하는 진

실이다.

 시대에 따라 아름다움의 기준이 변할까? 영국 브리스틀대학교 이언 펜턴보크(Ian Penton-Voak) 교수 연구팀은 요염함, 육감적 몸매, 근육질에 떡 벌어진 어깨와 큰 키 등 이른바 '여성스러움'과 '남성스러움'은 비교적 최근 시대에 사회적 가치를 지녔다고 주장한다.

 연구팀은 다양한 지역의 12개 민족을 대상으로 무엇을 매력적이라고 느끼는지 조사했다. 그 결과, 우리가 전형적으로 느끼는 아름다움의 기준은 서구적 스타일의 선진국에서만 통하는 매우 고정된 기준이라는 사실을 밝혀냈다.

 그렇다면 아름다움의 절대적 기준은 없을까? 아마도 있을 것이다. 유명한 예로 베를린 국립박물관에 소장된 고대 이집트 왕비 네페르티티의 흉상을 들 수 있다. 또렷한 눈썹과 눈매, 높은 코와 두드러진 광대뼈, 도톰한 입술, 가늘고 긴 목. 약 3,370년 전에 만들어진 이 흉상은 오늘날 슈퍼 모델과 일맥상통하는 보편적 매력을 갖추고 있다.

 스코틀랜드의 글래스고대학교 베네딕트 존스(Benedict Jones) 교수는 보편적인 아름다움의 기준으로 '평균 얼굴'과 '좌우 대칭'을 들었다. '평균 얼굴'이 선호되는 이유는 자기중심적 편향(egocentric bias) 때문이다. 평균적인 형상은 간단히 평균이라고 식별할 수 있다. 쉽게 이해할 수 있다는 것 자체가 선호되는 경향이 있다. 예를 들어, 지저분하게 개발새발 쓴 글씨보다 정갈한 글씨를 선호한다. 같은 물리 현상을 설명할 때도 복잡한 수식보다 단순한 수식으로 쓴 논문이 더 많은 지지를 모은다. 백화점 지하 식품매장에서 팔리는 채소와 과일도 '평균적'인 형상이 이상적인 상품으로 여겨져 비싸게 팔린다. 얼굴도 매한가지다.

'좌우 대칭'도 마찬가지로, 동물계 전반에서 선호되는 경향이 있다. 대칭은 유전적 기형과 감염병이 없고 건강하게 발달한 증거다. 번식 상대로 간택할 때 '좌우 대칭'을 근거로 삼는 행동은 생물학적으로도 아주 잘못된 전략이 아니다.

아름다운 형상을 선호하는 현상에 이런 생물학적 이유가 있다고 해도 당연히 인간 사회에서 외모 지상주의는 문제가 될 수 있다. 빼어난 외모를 갖춘 사람은 입사 시험에서 채용될 확률이 높고, 입사 후 승진과 승급에서도 유리한 경향이 있음이 밝혀졌다. 재판 판결조차 영향을 받는다. 인간 사회에서 아름다운 외모는 '선택'과 '차별'이라는 어려운 선 긋기 문제가 수면 위로 떠오르게 한다.

심리실험 06

인간 어른의 인내력이 침팬지의 인내력에 비해 현저히 낮은 뜻밖의 이유는?

미시간대 로사티 교수팀의 '동물 인내력 한계 실험'

미국 미시간대학교 알렉산드라 로사티 교수 연구팀은 사람과 같은 인내력은 침팬지 등 고등 영장목에 이르러 생겼다고 주장한다.

연구팀은 다양한 원숭이를 대상으로, 많은 먹이를 얻기 위해 눈앞에 놓인 소량의 먹이를 어느 정도 참고 기다릴 수 있는지 조사했다. 최대 2분간을 설정했더니, 71퍼센트의 침팬지가 참을성을 발휘한 반면 마모셋과 타마린 등 소형 원숭이는 평균 10초 정도밖에 기다리지 못했다. 인내력은 원숭이 종류에서도 고등 영장목까지 진화하지 않으면 충분히 발휘할 수 없는 높은 수준의 능력인 셈이다.

그런데 성인을 대상으로 같은 실험을 했더니, 2분 동안 참은 사람은 19퍼센트로 침팬지보다 훨씬 낮았다. 열두 살 어린이의 마시멜로 실험에서 60퍼센트의 성공률을 보인 것과 비교하면 뭔가 이상하다. 어른이 되면 참을성이 퇴화할까?

어린이를 대상으로, 눈앞에 마시멜로를 하나 놓은 뒤 지금 먹어도 좋지만 15분 동안 먹지 않고 기다리면 한 개를 더 준다고 한 뒤 행동을 관찰하는 실험을 했다. 바로 먹어버리는 아이도 있고, 꾹 참고 기다리는 아이도 있었다.

이 실험은 '현시점의 작은 이익'을 챙길지, '미래의 큰 이익'을 차지할지 판단하는 경향을 조사하기 위한 목적이었다. 이 실험에서 어린이들의 선택에는 각자의 개성이 반영된다.

핵심은 '인내력'이다. 이 실험에서 세 살 아이는 대개 참지 못하고 현재의 이익을 우선했다. 네 살 아이는 30퍼센트, 열두 살 아이는 60퍼센트가 현재를 참고 미래의 두 개를 선택했다.

이 실험은 뜻밖의 중요한 의미를 지닌다. 실험 결과로 미래의 '성공'을 예측할 수 있다. 예를 들어, 네 살 아이였을 때 마시멜로 한 개를 먹지 않고 참은 사람을 추적 조사했더니, 고등학생이 되어 학업 성적이 우수하고, 사회에 나가서도 출세하는 경향이 있었다. 또 위험한 약물에 손대는 비율이 낮고, 건강 상태가 양호하며, 비만율도 낮았다.

인내심은 이른바 '미래를 내다보고 현재의 자신에게 투자한다'는 준비 능력이다. 이 능력을 어린 시절부터 발휘할 수 있

는 사람은 어른이 되어서도 참을성이 강하고 '지금 놀면 원하는 대학에 합격할 수 없다', '이 케이크는 칼로리가 너무 높아서 살이 찐다' 등 결과를 예측하고 행동을 자제하는 능력이 뛰어나다.

그렇다면 고도로 발달한 인내력은 진화 과정에서 언제쯤 싹텄을까? 개와 고양이의 경우, 특별한 훈련을 받지 않으면 눈앞의 먹이를 먹지 않고 자발적으로 참는 모습을 볼 수 없다. 미국 미시간대학교 알렉산드라 로사티(Alexandra G. Rosati) 교수 연구팀에 따르면, 사람과 같은 인내력은 침팬지 등 고등 영장목에 이르고 나서 생겼다.

연구팀은 다양한 원숭이를 준비해 앞에서 소개한 마시멜로 실험과 비슷한 실험을 진행했다. 많은 먹이를 얻기 위해 눈앞에 놓인 소량의 먹이를 어느 정도 참고 기다릴 수 있을까? 최대 2분을 설정했더니, 71퍼센트의 침팬지가 참을성을 발휘했다. 그런데 마모셋과 타마린 등 소형 원숭이는 평균 10초 정도밖에 기다리지 못했다. 인내력은 원숭이 종류에서도 고등 영장목까지 진화하지 않으면 충분히 발휘할 수 없는 높은 수준의 능력이다.

그런데 성인을 대상으로 같은 실험을 했더니, 2분 동안 참은 사람은 고작 19퍼센트로 침팬지보다 훨씬 낮았다. 앞에서 소개한 열두 살 어린이의 마시멜로 실험에서 60퍼센트의 성공률을 보인 것과 비교하면 뭔가 이상하다. 어른이 되면 참을성이 퇴화할까?

이 의문에 대한 답을 찾기 위해, 연구팀은 포상을 음식이 아니라 돈으로 바꿔 실험을 진행했다. 1,000원을 바로 받을지, 2분 뒤에 2,000원을 받을지 선택하게 했더니 2분을 기다린 성인은 19퍼센트에서 57퍼센트로 껑충 뛰었다. 즉, 성장하면서 중시하는 대상이 바뀌어 '돈'을 선호하는 성격으로 변한 것이라고 할 수 있다.

화폐는 음식과 비교해 소비 기한이 길 뿐 아니라 다양한 보수로 교환할 수 있고 융통성도 탁월하다. '먹이'에 낚이는 동안에는 아직 풋내기이고, 미래 보수에 더해 미래의 가치까지 내다보고 행동하는 것이 이른바 '인간다움'일 수도 있다.

심리실험 07

망각은 뇌 안에서 자동으로 작동하므로 멈출 수 없다고?

워싱턴대 로디거 교수팀의 '자연 망각 현상 연구'

미국 워싱턴대학교 헨리 로디거 교수 연구팀은 미국인을 대상으로 '역대 대통령을 떠올려 순서대로 정리해보라'고 지시한 뒤 반응을 조사했다. 그 결과, 사람들은 링컨과 루스벨트 등 인지도 높은 대통령을 제외하면 일반적으로 최근 8~9대 대통령까지 떠올렸다.

연구팀은 40년 전부터 같은 조사를 반복했는데, 시대와 상관없이 항상 같은 결과를 얻었다. 시간과 더불어 퇴색하는 '자연 망각' 현상은 개인의 기억 차원이 아니라 '세간에서 잊히듯' 사회 기억 차원에서도 발생하는 보편적이며 제어 불가능한 현상이다.

'망각'은 뇌 기능 중에서 불가사의한 현상이다. 망각은 나이를 먹으면 육체 기능이 떨어지는 노화와 달리 뇌가 처리하는 적극적인 프로세스다. 뇌 안에서 자동으로 작동해 의식적으로는 제어할 수 없다. 따라서 잊으려고 안간힘 써봤자 소용없다.

연말이 되면 '올 한 해도 정말 눈 깜짝할 사이에 지나갔구나' 하며 쏜살같이 지나가는 세월을 절감한다. 그리고 나이를 먹을수록 시간이 빠르게 지나간다는 사실을 실감한다. 물리적 시간의 경과는 일정한데, 왜 다르게 느껴질까?

 이에 대한 가장 흔한 설명이 '시간 할인설'이다. 다섯 살 아이에게 1년은 인생의 20퍼센트에 해당하지만, 쉰 살 어른에게는 고작 2퍼센트이므로 주관적인 1년이 다르다는 주장이다.

 그리고 '변화 지각설'도 있다. 어린이는 첫 경험이 아직 많아 한 순간 한 순간이 신선하기 때문에 같은 시간을 살아도 각성도가 높다는 주장이다. 반면 어른이 되면 새로운 일을 만날 기회가 서서히 줄어든다. 사실은 하루하루가 기적적인 사건인데, 이에 감사하지 않고 틀에 박힌 평범한 날로 만들어버린다. 즉, 변화를 느낄 기회가 부족해 시간이 빠르게 느껴진다는 설명이다.

 두 가설 모두 설득력이 있다. 다만 후자는 수긍하기 어려운 부분도 있다. 다람쥐 쳇바퀴 돌듯 그날이 그날 같은 평범한 시간을 보내면 따분해서 오히려 시간이 느리게 흘러 길게 느껴지기 때문이다.

여기서 고려해야 할 점은 시간을 현시점부터 과거 방향으로 볼지, 미래 방향으로 볼지 여부다. 미래의 시간 축은 과거의 시간 축과 척도가 다르다. 초등학교 졸업식 답사에서는 "입학식이 엊그제 같은데 벌써 6년이 지났습니다"라는 상투적인 표현이 빠지지 않는다. 즉, 어느 나이에서나 과거를 돌아보면 짧다고 느낀다. 이유는 과거의 사건을 기억하지 못하기 때문이다.

연말이 되면 한 해를 돌아보는 뉴스 프로그램이나 연말 가요 대전, 영화 시상식 등 한 해를 돌아보는 행사를 많이 볼 수 있다. 그러면 "그러고 보니 저런 일도 있었지" 하며 뜻밖에 많은 일이 있었음을 깨닫고 놀란다. 시간은 쏜살같이 지나가지 않고 그저 '충실한 시간이 지났음'을 잊었을 따름이다.

'망각'은 뇌 기능 중에서도 불가사의한 현상이다. 망각은 나이를 먹으면 육체 기능이 떨어지는 노화와 달리 뇌가 처리하는 적극적인 프로세스다. 뇌 안에서 자동으로 작동해 의식적으로는 제어할 수 없다. 따라서 잊으려고 안간힘 써봤자 소용없다.

미국 워싱턴대학교 헨리 로디거(Henry L. Roediger III) 교수 연구팀은 《사이언스(Science)》에 발표한 논문에서 미국인을 대상으로 역대 대통령을 떠올려 순서대로 정리해보라고 지시한 뒤 구체적인 반응을 조사했다. 그 결과, 사람들은 링컨과 루스벨트 등 인지도 높은 대통령을 제외하면 일반적으로 최근

8~9대 대통령까지 떠올렸다.

연구팀은 40년 전부터 같은 조사를 반복했는데, 시대와 상관없이 항상 같은 결과를 얻었다. 시간과 더불어 퇴색하는 '자연 망각' 현상은 개인의 기억 차원이 아니라 '세간에서 잊히듯' 사회 기억 차원에서도 발생하는 보편적이며 제어 불가능한 현상이다. 참고로, 사회적 망각은 18~69세까지 폭넓은 나이대에서 같은 정도로 발생한다. 즉, "나이를 먹을수록 망각이 빨라져 시간이 빠르게 가는 것처럼 느낀다"라는 주장은 옳지 않다.

심리실험 08

동물은 맛있는 음식을 좋아하는 게 아니라 몸에 이익이 되는 음식을 맛있다고 느낀다는데?!

미시간대 로사티 교수팀의 '맛있는 음식을 선호하는 현상 연구'

미시간대학교 알렉산드라 로사티 교수 연구팀은 침팬지에게 생감자와 삶은 감자를 주고 어느 쪽을 선택하는지 관찰했다. 그런데 흥미롭게도 원숭이의 89퍼센트가 삶은 감자를 선택했다. 아마도 삶은 감자가 더 맛있었기 때문일 것이다. 침팬지에게 오븐처럼 간단한 조리도구를 주었더니 바로 감자를 익혀서 먹었다. 일부러 먼 곳에서 생감자를 낑낑대며 가져다 익혀서 먹는 침팬지도 있었다.
동물들이 '맛있는 음식을 선호하는 현상'은 생물학적 이점을 기준으로 그렇게 설계되었기 때문이다.
다시 말해, '맛있어서 좋아하는' 게 아니라 '몸에 이익이 되는 음식을 맛있다고 느끼는' 것이다.

요리는 역산(逆算)의 미학이다. 완성된 요리의 이미지가 먼저 존재하고, 거기서부터 역산해서 용의주도한 계획을 세워 한 단계 한 단계 서서히 완성품에 다가간다. 최고로 '맛있는 순간'에 음식을 먹으려면 요리의 모든 과정을 신중하게 밟아야만 최적의 타이밍을 놓치지 않을 수 있다.

갓 지은 따끈따끈한 밥에 된장국, 생선구이, 나물 반찬처럼 소박한 상차림조차 한 끼를 차리려면 골치가 지끈지끈한 수의 순서를 동시 병행으로 솜씨 있게 척척 진행해야 한다. 요리란 고도로 복잡한 작업을 거의 반사적으로 처리하는 곡예와 같다.

도대체 왜 사람은 그렇게까지 많은 수고를 들여 요리할까? 요리하는 동물은 사람뿐이다. 자연계에는 신선한 날고기와 생채소가 널려 있다. 자연 식재료에서 영양을 얻을 수 있다는 사실은 야생에서 살아가는 수많은 동물이 몸소 증명해 보인다. 이렇게 생각하면 요리는 참으로 기묘한 습관이다.

이 습관에는 식탁을 다채롭게 꾸미는 요리를 바라보기만 해서는 지나치기 쉬운 중요한 이점이 숨어 있다. 미시간대학교 알렉산드라 로사티 교수 연구팀은 침팬지에게 생감자와 삶은 감자를 주고 어느 쪽을 선택하는지 관찰했다. 그러자 원숭이

의 89퍼센트가 삶은 감자를 선택했다. 삶은 감자가 좀 더 맛있었기 때문일 것이다

'맛'이란 혀에 음식 등이 닿을 때 느끼는 감각으로, 아미노산과 당을 감지하는 반응이다. 아미노산과 당은 영양소다. 불을 사용해서 재료를 익히면 단백질과 탄수화물이 가열 분해되어 작은 분자로 변화한다. 이 과정에서 소화가 촉진되고 위장에서 흡수율이 높아진다. 즉, 음식을 익히면 사용할 수 있는 영양의 양이 증가한다. 익히지 않은 식재료밖에 구할 수 없는 야생 침팬지는 소화가 힘들어 깨어 있는 시간의 절반가량을 먹이를 씹는 데 소비한다.

요컨대 '영양 만점'이라는 화학 신호는 혀에서 느끼는 '맛있다'는 미각 신호가 뇌에 전달된다는 합목적성이 있는 셈이다. 동물들이 '맛있는 음식을 선호하는 현상'은 생물학적 이점을 기준으로 그렇게 설계되었기 때문이다. 다시 말해, 맛있어서 좋아하는 게 아니라 "몸에 이익이 되는 음식을 맛있다고 느낀다"라고 표현해야 옳다.

이것을 고도로 발달시킨 과정이 '요리'다. 미국 조지워싱턴 대학교 피터 루카스(Peter W. Lucas) 교수는 "사람은 가열된 요리를 먹기 적합한 구강과 소화기계를 발달시키고 있다"라고 지적했다. 현대인은 불에 익히는 정도로는 만족하지 못하고 요리 기술을 한껏 발휘해 공을 들인 요리와 디저트를 만들었다.

로사티 교수 연구팀은 침팬지에게 오븐처럼 간단한 조리도구를 주었더니 바로 감자를 익혀서 먹는다는 사실을 발견했다. 일부러 먼 곳에서 생감자를 낑낑대며 가져다 익혀서 먹는 침팬지도 있었다.

요리에는 식재료와 요리의 인과관계를 이해하는 능력, 눈앞의 식재료를 먹지 않고 참는 자제심 등 고도의 인지능력이 필요하다. 침팬지가 이 정도로 요리에 대한 이해력과 기호를 갖추고 있다면, 그리고 가열을 위한 불을 제어하는 지혜를 발휘할 수 있다면 충분히 요리할 수 있다.

그리스 신화에는 프로메테우스가 사람에게 불을 전수했다는 이야기가 나오는데, 실제로 사람이 언제 불을 손에 넣었는지는 정확히 밝혀지지 않았다. 남아프리카공화국의 발굴 조사에서 100만 년 전 지층에서 탄화한 식물과 그을린 뼈가 발견되었다. 이는 현생 인류인 호모사피엔스가 출현하기 전부터 고대 인류가 불을 사용했다는 증거다.

불은 요리뿐 아니라 추위로 언 몸을 녹이고, 어두운 밤을 밝히는 등 용도가 다양하다. 불을 손에 넣은 순간 인류의 생활이 완전히 달라졌을 것이다. 오늘날에는 불을 엄숙한 성화, 장식용 양초, 불꽃놀이, 탄약 등 더욱 다채로운 목적으로 활용한다. 사람은 식재료뿐 아니라 불마저 '요리'하는 생물이다.

심리실험 09

운이 나빠서 암에 걸렸다는 말이 사실일까?

존스홉킨스대 포겔슈타인 교수팀의 '암에 걸리는 이유 연구'

존스홉킨스대학교 버트 포겔슈타인 교수 연구팀은 31종의 암 발생 이유를 추적해 그중 70퍼센트는 단순히 우연이라는 사실을 발표했다. 연구팀은 환자 데이터를 정밀하게 조사해 암의 70퍼센트가 생활습관과 가족력이 아니라 세포 증식 당시 단순히 운이 없었기 때문이라고 설명했다. 흡연과 자외선은 확실히 암 발생 위험을 높이지만 '불운'에 비하면 미미한 수준이다.
"평소 불규칙하게 살고 몸에 좋지 않은 음식을 먹어서 암에 걸렸다"라며 당사자는 물론 주위 사람도 환자를 탓한다. 실제로 암을 통보받은 환자가 첫 번째로 내뱉는 말은 "도대체 왜 내가?"이다.
암은 운이 없어서 걸린 것이다. '도대체 왜?'라는 물음 자체가 불합리하며, 실제로 '내'가 선택받은 특별한 이유는 없다.

세상은 공평하지 않다. 불합리한 사회적 격차와 차별은 물론 사고와 재해 등이 마른하늘에 날벼락처럼 느닷없이 덮치기도 한다. 질병도 마찬가지다. 2015년 1월 존스홉킨스대학교 버트 포겔슈타인(Bert Vogelstein) 교수 연구팀은 31종의 암 발생 이유를 추적해 그중 70퍼센트는 단순히 우연이라는 사실을 《사이언스》에 발표했다.

암은 유전자 변이로 발생한다. 좋지 않은 부위에서 유전자 변이가 일어나면 세포 증식이 멈추지 않는데, 이것이 '암'이다. 몸의 세포가 분열 증식할 때는 분당 1,000개 이상의 속도로 DNA 복제가 이루어진다. 이처럼 빠르게 복제하다 보니 때로 '복제 오류'가 생기기도 한다. 그런데 나쁜 부위에 오류가 생기면 암이 된다. 당연히 세포 증식이 빈번하게 발생하는 장기는 암이 발생하기 쉽다. 예를 들어, 대장암은 십이지장암보다 수십 배 많이 발생한다. 이 차이는 장벽 세포의 증식 속도와 거의 일치한다.

연구팀은 이런 환자 데이터를 정밀하게 조사해 암의 70퍼센트가 생활습관과 가족력이 아니라 세포 증식 당시 단순히 운이 없었기 때문이라고 설명했다. 흡연과 자외선은 확실히 암 발생 위험을 높이지만 '불운'에 비하면 미미한 수준이다(그렇다고 건전하지 않은 생활습관을 권장하는 것은 아니다).

이 연구 결과를 과학적 사실로 겸허하게 받아들이는 수밖에 없지만, 사람의 마음은 암이 불운에 의해 생긴다고 순순히 받아들일 정도로 단순하지 않다. 무의식적으로 '공정 세계관설'이라는 심리에 집착하기 때문이다. 세계가 반드시 공평하지 않다는 사실은 누구나 머리로 이해하지만, 심리적으로는 받아들이기가 쉽지 않다. 그래서 언제나 '공정한 세상'을 전제로 매사를 판단한다. 이것이 '공정 세계관설'이다. 이런 심리는 예상보다 강력해 적극적인 '자기 합리화'를 유도한다. 인과응보는 환영받고, '세상이 공정한 이상 행복도 불행도 나름대로 합당한 이유가 있다'며 믿고 싶은 대로 믿는 경향이 있다.

운수가 좋은 것은 평소 행실이 바르기 때문이고, 대학 입시에 실패한 것은 하필 시험 보는 날 아침에 미역국을 먹었기 때문이라는 등 이런저런 추측을 갖다 붙인 경험이 있을 것이다. 또한 사람을 보며 "덕이 있다", "천벌이 내릴 거다"라는 말을 하기도 하는데, 결국 성공도 실패도 '스스로 불러온 업보'이므로 자기 책임으로 귀결된다.

'착한 사람은 언젠가 복을 받고, 나쁜 사람은 벌을 받는다'라는 인과응보 환상은 일반적으로 '그러므로 다른 사람을 친절하게 대해야 한다', '매일 노력해야 한다'라고 선행을 촉진하는 긍정적 효과가 있다. 하지만 한편으로는 우연한 사건과 사고에 휘말린 피해자의 허물 찾기나 마녀사냥처럼 잘못된 방향으로 불거지기도 한다. 또한 피해자가 될 만한 이유가 있었을 것이라며 불운을 합리화한다. "그렇게 짧은 치마를 입고 다니니까 치한을 만나는 게 당연하지", "요즘 세상에 자전거로 출퇴근하는 사람이 어딨어, 그러니 교통사고를 당하지" 등 황당한 수준의 단편적 구실을 갖다 붙이고, 때로는 차별의 원흉이 되기도 한다.

질병도 마찬가지다. "평소에 불규칙하게 살고 몸에 좋지 않은 음식을 먹어서 암에 걸렸다"라며 당사자는 물론 주위 사람도 환자를 탓한다. 실제로 암을 통보받은 환자가 첫 번째로 내뱉는 말은 "도대체 왜 내가?"이다. 암은 운이 없어서 걸린 것이다. '도대체 왜?'라는 물음 자체가 불합리하며, 실제로 '내'가 선택받은 특별한 이유는 없다. 반대로 평소에 흡연과 일광욕을 즐기는 데도 암에 걸리지 않았다면 체질 때문도, 평소에 덕을 많이 쌓았기 때문도 아니라, 그저 운이 좋았을 따름이다.

심리실험 10

창조력이 요구되는 직종일수록 도덕성이 낮다고?

**하버드대 지노 교수와 듀크대 애리얼리 교수팀의
'정직과 지능 관련성 연구'**

미국 하버드대학교 프란체스카 지노 교수와 듀크대학교 댄 애리얼리 교수 연구팀은 "부정직은 지능보다 오히려 창조력에서 유래한다"라고 주장한다. 연구팀이 주목한 사회에는 17개의 다른 부문이 있었는데, 창조력이 요구되는 부문부터 단순한 사무 작업 부문까지 다양했다. 각 부문에서 일하는 사람들의 도덕성을 조사하기 위해 "필기구나 휴지 등 직장의 공용 비품을 슬쩍해서 개인 물품으로 사용한 적이 있는가?", "사적인 영수증을 회사에 제출해 비용을 돌려받은 적이 있는가?", "월간 보고서에서 실적을 부풀려 보고한 적이 있는가?" 등을 물었더니, 창조력이 요구되는 직종일수록 도덕성이 낮다는 사실이 밝혀졌다.
일반인을 대상으로 한 창조력과 지능 측정 조사에서도 창조력이 높은 사람은 거짓말을 많이 하고 불성실했다. 심리 테스트 결과에서도 창조력이 높은 사람은 매사를 정당화하는 경향이 있다는 결론이 도출되었다.

'고지식하다'라는 말은 국어사전에 "성질이 외곬으로 곧아 융통성이 없다"라고 풀이되어 있다. '성질이 곧다'라는 좋은 의미의 단어에 어쩌다 '융통성이 없다'라는 군더더기가 붙어 이런 단어가 만들어졌을까?

 '영악하다', '잔망스럽다'라는 표현도 있다. '영악하다'에는 영리하다는 뜻도 포함되어 있지만, 절대 좋은 의미가 아니다. '잔망스럽다'도 비슷하다. '깜찍하다'고 말하면 일반적으로 귀엽다는 뜻인데, '잔망스럽다'는 말 대신 얄밉도록 맹랑하다는 뜻의 '깜찍하다'로 표현하기도 한다. 이런 표현이 존재한다는 사실에서 '현명함이 반드시 좋다고는 할 수 없다'라는 암묵적인 메시지를 읽을 수 있다.

 고지식한 사람은 타인을 이용하거나 속이지 않는다. 남을 속이려면 상대방보다 '현명'할 필요가 있다. 이런 논리를 적용하면 낮은 도덕성과 불성실함은 지적 능력이 높아서 생긴 특성일 수도 있다.

 물론 이렇게 일방적으로 단정하기 전에 신중하게 고찰해야 한다. 가령 미국 하버드대학교 프란체스카 지노(Francesca Gino) 교수와 듀크대학교 댄 애리얼리(Dan Ariely) 교수가 이끄는 연구팀은 "부정직은 지능보다 오히려 창조력에서 유래한다"라고 주장한다. 창조력이 불성실함을 유도한다니, 이 얼마나 역설적인가?

창조력과 독창력은 새로운 아이디어를 떠올리거나 문제를 능숙하게 해결하는 방향으로 작용하면 유익한 효과를 가져온다. 개인 차원뿐 아니라 집단과 사회 차원에서도 마찬가지다. 새로운 발명과 참신한 상품, 획기적인 과학적 발견은 창조력이 있어야 열매를 맺을 수 있다. 사회에서는 구성원의 '창조력을 높이기 위한' 세미나와 실습 등의 방책을 적극적으로 마련해 독려한다. 즉, 창조력은 널리 칭찬과 감탄을 유발하는 능력이다.

이런 창조력이 '성실함'을 없앤다니, 도대체 무슨 뚱딴지같은 소리일까? 지노 교수 연구팀의 실험 데이터를 살펴보자. 연구팀은 먼저 특정 사회에 주목했다. 그 사회에는 17개의 부문이 있다. 창조력이 요구되는 부문부터 단순한 사무 작업 부문까지 다양하다. 연구팀은 각 부문에서 일하는 사람들의 도덕성을 조사했다. "필기구나 휴지 등 직장의 공용 비품을 슬쩍해서 개인 물품으로 사용한 적이 있는가?", "사적인 영수증을 회사에 제출해 비용을 돌려받은 적이 있는가?", "월간 보고서에서 실적을 부풀려 보고한 적이 있는가?" 등을 물었다. 그 결과, 창조력이 요구되는 직종일수록 도덕성이 낮다는 사실이 밝혀졌다. 다만 이 데이터에서 창조력이 원인이 되어 도덕성이 낮아졌다거나 해당 부문 직장의 분위기가 우연히 나빴는지 등은 알 수 없다.

연구팀은 일반인을 대상으로도 퀴즈와 설문 조사 형식을 빌려 창조력과 지능을 측정했다. 이 조사에서도 창조력이 높은 사람은 상대적으로 거짓말을 많이 하고 불성실하다는 사실이 판명되었다. 참고로, 높은 지능 지수는 도덕성 정도와 관련이 없다.

연구팀은 다시 심리 테스트를 반복해 창조력이 높은 사람은 매사를 정당화하는 경향이 있다는 결론을 도출했다. 즉, 이런 논리다.

① 창조력이 높은 사람은 남을 속일 독창적인 아이디어를 잘 떠올린다.
② 동시에 그런 비도덕적인 행위를 할 수밖에 없는 이유(변명)도 귀신같이 찾아낸다.
③ 이런 악행이 자기 내면에서 정당화된다.

결국 창조력이 높은 사람은 자기 행위가 기만이라는 사실을 스스로 깨달을 기회를 놓치는 셈이다. 이것이 높은 창조력이 불성실함을 자아내는 원리다.

그러나 다시 생각해보면, 어떤 의미에서 창조력이 높은 사람은 "자기 능력에 따라 정직하게 살 수 있다"라고 말할 수도 있다. 높은 창조력에 순순히 따르기 때문이다. 그렇다면 돌고 돌아 그들의 불성실함은 '고지식함'의 결과라고 할 수도 있지 않을까?

심리실험 11

사람이 짝퉁을 걸치면 실제로 짝퉁 같은 존재로 변한다?

하버드대 지노 교수팀의 '짝퉁을 구매하는 심리 연구'

하버드대학교 프란체스카 지노 교수 연구팀은 85명의 젊은 참가자에게 명품 선글라스와 감쪽같이 베낀 짝퉁을 보여주고 가격을 제시하며 어느 쪽을 살지 물었다. 그런데 참가자들에게 보여준 선글라스는 둘 다 같은 '진품'이었다. 당연히 참가자들에게는 사실을 알려주지 않았다.
선택한 선글라스를 끼고 소수점 두 번째 자리까지 12개의 숫자가 나열된 문제지에서 합계 10이 되는 숫자의 짝을 찾는 계산 테스트를 했다. 문제는 총 20개로, 5분 이내에 많은 짝을 찾아낸 뒤 스스로 채점하고, 짝의 수를 말로 보고하도록 했다. 보통 평균이 6개 수준인데, 재미있게도 짝퉁 선글라스를 낀 사람은 허위 보고 경향이 더 높아 평균 10개라고 보고했다.
원래 진품을 원하던 사람도 "이 선글라스는 짝퉁입니다"라고 말하면 거짓말이 늘어난다. 짝퉁을 걸치면 짝퉁과 같은 존재가 되었다고 느껴 거짓말이 늘어나는 모양이다.

흔히 명품이라고 부르는 고가의 유명 브랜드 상품의 가짜, 즉 '짝퉁'이 은밀하게 유통되어 문제가 되고 있다.

일반적으로 위조 상품은 그 상품을 사는 사람이 득을 보느냐 손해를 보느냐에 따라 크게 두 가지 유형으로 나뉜다. 사는 사람이 손해를 보는 대표적인 상품은 위조지폐다. 위조범은 부당한 이익을 얻지만, 산 사람은 이득을 한 푼도 보지 못한다. 루어 낚시에 쓰는 가짜 미끼도 이 유형의 위조 상품에 속한다. 사람이 이득을 얻고, 물고기는 손실만 입는다. 이런 위조 상품은 쉽게 말해 '사기'다.

그리고 사는 사람도 득을 볼 가능성이 있는 대표적인 위조 상품에는 가짜 명품, 이른바 짝퉁이 있다. 짝퉁 판매 장사가 성립하는 건 짝퉁인 줄 알면서도 사는 사람이 존재하기 때문이다. 진품이 아니라 가짜인 걸 알면서도 굳이 돈을 주고 사는 이유는 뭘까? 가장 큰 이유는 '명품을 갖고 싶지만 경제적 이유로 진품을 살 여력이 없기' 때문이다. 하지만 이런 대답만으로는 '왜 짝퉁을 굳이 가지고 싶을까?'라는 심리를 설명하지 못한다.

이유 ① 진품에 대한 동경 혹은 팬 심리다. 짝퉁만으로도 소유욕이 충족된다(이 심리를 잘 보여주는 단적인 예가 아이돌이나 연예인의 사진 등이다).

이유 ② 적어도 표면적으로나마 내 품격을 높이고 싶다. '주목받고 싶다', '남들보다 나은 사람으로 보이고 싶다'는 자존심은 많든 적든 누구에게나 있다.

실제로 짝퉁을 걸쳤을 때 사람의 마음은 어떻게 변할까? 하버드대학교 프란체스카 지노 교수 연구팀은 85명의 젊은 참가자에게 명품 선글라스와 진품을 감쪽같이 베낀 짝퉁 두 종류를 보여주고 가격을 제시하며 어느 쪽을 살지 물었다. 진품을 가지고 싶다는 참가자도 있는가 하면, 가진 돈을 계산해본 뒤 저렴한 짝퉁을 사겠다는 참가자도 있었다. 그런데 참가자들에게 보여준 선글라스는 실제로 둘 다 '진품'이었다. 당연히 참가자들에게는 이 사실을 알려주지 않았다.

각자 선택한 선글라스를 끼고 계산 테스트를 했다. 소수점 두 번째 자리까지 12개의 숫자가 나열된 문제지에서 합계 10이 되는 숫자 짝을 찾는 테스트였다. 문제는 총 20개로, 5분 이내에 많은 짝을 찾아내야 했다. 절대로 제한 시간 안에 모든 답을 찾을 수는 없다. 성적은 평균 6개 수준이었다.

계산 테스트가 끝난 뒤 스스로 채점하고, 찾은 짝의 수를 말로 보고하도록 했다. 재미있게도 짝퉁 선글라스를 낀 사람은 허위 보고 경향이 더 높아 평균 10개라고 보고했다.

원래 진품을 원하던 사람도 "이 선글라스는 짝퉁입니다"라는 말을 듣고 나서 끼면 거짓말이 늘어난다는 재미난 사실도 알게 되었다. 아무래도 짝퉁을 걸치면 자기까지 짝퉁과 같은 존재가 되었다고 느끼고 거짓말이 늘어나는 모양이다.

'진짜 내가 아니다'라는 아바타 감각은 자존심이라는 인지적 브레이크를 풀어버린다. '지금의 나는 가짜이니 설령 거짓말을 해도 진짜 내 품위는 손상되지 않는다……' 그 결과 도덕성이 결핍된 행동이 증가한다.

가짜 명품은 '동경하는 상품을 내 것으로 만들어 품격을 높이고 싶다'는 당사자의 초기 의도(이유 ②)와 반대로 부정적 결과를 초래했다.

심리실험 12

자연은 어떻게 3,000개의 연어알 중 99.9퍼센트인 2,998개를 정확히 솎아낼까?

빅토리아대 데어리몬트 교수팀의 '먹이사슬 관점에서 본 사람의 특수성 연구'

캐나다 빅토리아대학교 크리스토퍼 데어리몬트 교수 연구팀은 먹이사슬 데이터를 통해 먹이사슬 관점에서도 사람이 특수하다는 사실을 증명했다. 야생의 포식자는 대부분 어리고 약한 동물을 잡아먹는데 사람은 어린 동물뿐 아니라 다 큰 동물도 먹는다. 생식 적령기에 있는 성체를 죽이면 생태계에 미치는 영향이 막대하다. 이것이 사람이라는 생물의 특이성이다.

야생의 먹이사슬은 경이로운 균형 위에서 성립한다. 연어는 치어의 99퍼센트 이상이 포식자의 먹이가 된다. 생물이 새끼를 대량으로 낳는 이유는 절대 자손을 남겨 종을 유지하기 위해서가 아니라, 포식자를 영양 면에서 부양하기 위해서다. 즉, 생물은 다른 종을 번영시키기 위해 새끼를 낳는다.

연어는 알을 몇 개나 낳을까? 연어 덮밥이나 연어알 덮밥을 먹다 보면 문득 이런 궁금증이 떠오르곤 한다.

작디작은 알을 하나하나 세려면 눈에 핏발이 설 정도로 힘들지만, 연어 알주머니 전체 무게를 한 알 무게로 나누면 어림 짐작할 수 있다. 연어 한 마리는 약 3,000개의 알을 낳는다. 참고로, 청어알과 명태알, 즉 명란은 연어알과 비교해 지름이 작아 알의 개수가 많다. 청어는 약 3만 개, 명태는 약 30만 개의 알을 낳는다.

사람이 먹는 생선알은 정확히 '미수정란'이다. 어류와 양서류의 알은 물속에 방출되어 수컷의 정자와 섞여 '체외 수정'된다. 말하자면, 사람은 태어나기 전 미숙한 알을, 물고기 배를 가르고 끄집어내 간을 해서 먹는 셈이다. 미수정란은 사람의 혀에 닿으면 톡톡 터지면서 탱글탱글한 식감과 특별한 쾌감을 일으킨다.

연어가 약 3,000개의 알을 낳는다면, 그중에서 무사히 수정되어 알이 부화하고 다시 포식자를 피해 성어가 되어 자손을 남기는 데 성공하는 개체는 몇 마리나 될까? 일반적인 단순 계산으로 동물이 다음 세대에 남기는 자손은 '두 마리' 정도라고 해도 무방하다. 암수가 두 마리의 새끼를 남기면 종의 전체 개체 수가 유지된다. 평균 두 마리 이하이면 그 종은 언젠가 멸종하고, 두 마리 이상이면 개체 수가 폭발적으로 증가해 서식지와 먹이가 부족해져 결국 멸종한다. 설령 연어알 3,000개 중에서 세 마리가 성어가 된다면, 다음 세대의 개체 수는 1.5배로 늘어난다. 즉, 세대마다 기하급수적으로 증가해 바다는 삽시간에 연어 천지가 된다.

3,000개에서 2,998마리를 솎아내는 일은 확률적으로 하늘의 별 따기만큼 어렵다. 그러나 자연계는 멋지게 이 기적을 이뤄낸다. 불필요한 개체를 솎아내는 주요 원리는 강자의 포식, 그리고 질병과 부상이다. 야생의 먹이사슬은 경이로운 균형 위에서 성립한다. 연어 치어의 99퍼센트 이상이 포식자의 먹이가 된다. 이해할 수 있을까? 생물이 새끼를 대량으로 낳는 이유는 절대 자손을 남겨 종을 유지하기 위해서가 아니라 포식자를 영양 면에서 부양하기 위해서다. 즉, 생물은 다른 종을 번영시키기 위해 새끼를 낳는다.

포유류에도 마찬가지 계산을 적용할 수 있다. 예를 들어, 기린은 평생 5~6마리의 새끼를 낳는데, 그중 절반은 포식자에게 잡아먹힌다.

과거 사람의 출생률은 5~10명이었다. 그런데 근대화가 진행되고, 위생 관리와 의료 기술의 발전으로 생존율이 상승해 인구 폭발이 일어났다. 그러자 불가사의한 현상이 나타났다. 자연스럽게 출생률이 떨어졌다. 현재 선진국에서는 출생률이 1~3명이다. 출생률을 스스로 조절하는 현상은 사람만이 가능한 특수성이다.

먹이사슬의 관점에서도 사람은 정말 특수하다. 캐나다 빅토리아대학교 크리스토퍼 데어리몬트(Christopher T. Darimont) 교수 연구팀이 발표한 먹이사슬 데이터가 이 사실을 잘 보여 준다.

야생에서 대부분 포식자는 어리고 약한 동물을 잡아먹는다. 어리고 미숙한 동물은 경계심이 약하고 신체적으로도 취약해 잡아먹기 쉽다. 그런데 사람은 어린 동물뿐 아니라 다 큰 동물도 먹는다. 생식 적령기에 있는 성체를 죽이면 생태계에 미치는 영향이 막대하다. 이것이 사람이라는 생물의 특이성이다. 참고로, 사람은 장식품과 가구, 전통 악기 등 포식 이외의 목적으로도 동물을 죽인다. 실험을 마친 연구팀은 "사람은 포식자다"라고 결론 내렸다.

CHAPTER
2

뇌와 뇌를 결합하면 어떤 놀라운 일이 일어날까?

심리실험 13

뇌과학이 인간의 편견을 완화시킨다?

노스웨스턴대 팰러 교수팀의 '편견 완화를 위한 수면 실험'

미국 노스웨스턴대학교 켄 팰러 교수 연구팀은 편견을 완화시키는 실험을 진행해 일정한 성과를 얻었다. 연구팀은 무의식적 편견을 다양한 사람에게 적용했다. 그 결과 '흑인'과 '여성'을 한 단계 아래로 여기는 심리 경향이 거의 보편적으로 발견되었다. 그러나 호불호를 반대로 조합하는 훈련을 했더니 무의식적 차별 심리가 약해지고 평등하게 판단하도록 변화했다. 하지만 이 변화는 오래가지 않고 몇 시간 뒤 원래대로 돌아갔다.

연구팀은 이 효과가 장기간 유지되도록 특정한 소리를 들려주며 편견을 약화하는 훈련을 했다. 그리고 훈련 후 수면 중일 때 그 소리를 들려주어 훈련 기억을 재생시켰다. 실제로 이 작전은 효과를 발휘해 훈련 성과가 멋지게 고정화되었다. 일주일 후 재검사했을 때도 편견이 약해진 상태를 유지했다. 이 연구는 사람의 성벽(性癖)을 조작하는 데 성공한 최초의 보고 사례다.

남녀 차별이나 인종 차별 배제를 시도하는 실험이 진행되었다. 미국 노스웨스턴대학교 켄 팰러(Ken A. Paller) 교수 연구팀은 2015년 《사이언스》에 발표한 논문에서, 뇌에 개입한다는 대담한 방법으로 편견을 완화시키는 실험을 진행해 확실한 성과를 얻었다고 밝혔다.

편견이 바람직하지 않은 감정이라는 것은 누구나 알고 있다. 그런데 학교나 공적 기관이 편견 해소를 위해 아무리 노력해도 사회적으로 편견이 좀처럼 사라지지 않는다.

팰러 교수 연구팀은 편견이 사라지지 않는 이유를 추측했다. 우선, 동료 이외 사람에게 공포를 느끼는 본능을 꼽을 수 있다. 이는 동물들에게 두루 갖춰진 기본적인 본능이다. 낯선 사람을 경계하는 심리는 예측하지 못하는 손해를 방지할 뿐 아니라 불필요한 시혜(施惠)를 피해 내 몫의 의식주를 확보하는 단순하고 효과적인 방책이다. 그러나 이 본능은 자신과 다른 인종을 꺼리고 거부감을 느끼는 밑바탕이 된다. 이것은 선천적 본능이다. 반면, 문화적 배경으로 생기는 편견은 성장 과정에서 서서히 형성되어 자각하지 못하면 수정하기도 어렵다.

무의식적 편견은 '잠재 연합 시험'으로 측정할 수 있다. 예를 들어 '미소'와 '햇살' 등의 밝은 단어와 '폭탄', '재해' 등의 어두운 단어를 '백인'과 '흑인' 등과 연관 지으면 그 조합으로 판정 속도에 미묘한 차이가 발생하는데, 이 차이를 측정한다. 그러면 의식적으로 평등하게 대처하려고 해도 마음 깊은 곳에 꽁꽁 감춰두었던 편견이 드러난다.

다양한 사람에게 적용해 실험하면, '흑인'과 '여성'을 한 단계 아래로 여기는 심리 경향을 거의 보편적으로 발견할 수 있다. 안타깝지만 이것이 진실이다. 그러나 희망도 있다. 호불호를 반대로 조합하는 훈련으로 이런 경향을 수정할 수 있다. 훈련 결과, 무의식적인 차별 심리가 약해지고 평등하게 판단하도록 변화한다는 사실이 밝혀졌다. 다만 이 변화는 오래가지 않고 대개 몇 시간 뒤 원래대로 돌아간다.

그렇다면 이 효과를 장기간 유지하려면 어떻게 해야 할까? 연구팀은 수면을 활용하는 아이디어를 떠올렸다. 사람의 행동이 변화하려면 '가소성', 즉 '기억'이 필요하다. 기억은 수면 중에 재생되고 강화된다. '편견이 약화되었다'는 기억을, 뇌에 장기 고정하려면 수면 중에 재생하는 방법이 효과적이다.

연구팀은 특정한 소리를 들려주며 편견을 약화하는 훈련을 했다. 그리고 훈련 후 수면 중에 그 소리를 들려주었다. 소리를 계기로 수면 중에 훈련 기억을 재생시킨다는 의도였다. 실제로 이 작전은 효과를 발휘해 훈련 성과가 멋지게 고정화되

었다. 일주일 후 재검사했을 때도 편견이 약해진 상태를 유지했다.

이 연구는 사람의 성벽(性癖)을 조작하는 데 성공한 최초의 보고 사례다. 연구팀은 논문에서 "이와 같은 기법은 흡연, 불건전한 식생활, 허언증, 이기적 성격 등의 악습 수정에도 응용할 수 있다"라고 끝맺었다. 드디어 뇌과학은 사람의 '성격 개조'로 한 걸음 더 나아갔을까?

심리실험 14

뇌는 신체의 통증을 없애기 위한 독특한 신경회로를 발달시켰다는데?!

도쿄대 이케가야 교수의 '뇌 통각 제거 신경회로에 관한 연구'

통증은 신체의 이상과 조직의 손상을 알리는 신호다. 불쾌감을 촉발해 기력을 떨어뜨려 활동량을 감소시킨다. 하지만 통증에는 긍정적 효과만 있는 게 아니다. 통증을 극복하지 않으면 목숨이 위태로운 심각한 사태에 빠진다. 위기 상황에서 아프다고 끙끙거리기만 하면 아무것도 해결되지 않는다. 그래서 뇌는 통각 제거 신경회로인 '오피오이드(Opioid) 수용체'를 발달시켜 일시적으로 통각을 무효화해 코앞에 닥친 위기를 회피하는 확률을 높였다. 무통 상태로 이끄는 이 신경회로는 온갖 상황에서 작동한다. 가령 방뇨와 배변, 성행위에서는 조직의 극단적 마찰이 일어나 심각한 통증을 느껴야 하지만 오피오이드 수용체가 이 아픔을 완화해준다. 오피오이드의 별명은 '뇌 내 호르몬'으로, 강렬한 쾌감을 일으킨다. 시원하게 소변을 보면 짜릿한 쾌감과 황홀감을 느끼는 이유도 이 때문이다.

가와고에성(川越城)은 옛날 사이타마현(埼玉県) 가와고에시(川越市)에 있던 이름난 성이다. 1546년 5월 19일, 이곳을 둘러싸고 장렬한 전투가 벌어졌다. 전세가 불리해진 호조의 군은 비책을 짜냈다. 아시카가(足利)와 우에스기(上杉) 연합군에 화친을 제안하는 가짜 서신을 보내 방심하게 한 뒤 심야에 기습 공격을 감행했다. 이른바 가와고에성 전투는 일본 3대 기습으로 유명하다.

이 성을 둘러싼 일련의 전투에서 호조 우지야스(北条氏康)는 얼굴에 깊은 상처가 생겼다고 한다. 이 칼자국은 '우지야스 흉터'라고 불렸으며, 명예로운 부상, 즉 용감무쌍한 무사의 징표가 되었다.

우지야스는 몸소 적진에 돌진해 10명 이상을 베어 쓰러뜨렸다는 이야기가 전해 내려온다. 전국 시대 무장의 무용담은 종종 후손에 의해 부풀리고 과장이 보태져 어디까지가 진실인지 알 도리가 없다. 일단 진실이었다고 치자.

그런데 뇌의 관점에서 보면 의문이 든다. 우지야스는 정말 통증을 느꼈을까? 뇌는 통증을 없애기 위한 전용 회로를 갖추고 있다. 긴장 상태가 되면 이 회로가 가동해 통증을 느끼지 않

는다. 가령 수업 도중 앞에 나가서 발표할 때 긴장한 나머지 발을 살짝 삐끗해서 넘어져도 아픔을 거의 느끼지 않는다. 긴장은 통증을 누그러뜨리는 효과가 있기 때문이다.

통증은 신체 이상과 조직 손상을 알리는 신호다. 불쾌감을 촉발해 기력을 떨어뜨려 활동량을 감소시킨다. 이는 회복을 앞당기기 위해 체력을 보존하는 '휴양' 지령으로도 보탬이 된다. 하지만 통증에는 긍정적 효과만 있는 게 아니다. 통증을 극복하지 않으면 목숨이 위태로운 심각한 사태에 빠진다. 위기 상황에서 아프다고 끙끙거리기만 하면 아무것도 해결되지 않는다. 얼룩말이 사자에게 습격받아 다쳤을 때 아프다고 웅크려 있으면 목숨을 잃는다. 위기에 빠졌을 때는 앞뒤 따지지 말고 일단 도망쳐야 목숨을 부지할 수 있다. 뇌가 통각 제거 신경회로인 '오피오이드(Opioid) 수용체'를 발달시켜 일시적으로 통각을 무효화해 코앞에 닥친 위기를 회피하는 확률을 높이는 선택을 한 것은 그런 연유에서다.

무통 상태로 이끄는 이 신경회로는 온갖 상황에서 작동한다. 가령 방뇨와 배변, 성행위에서는 조직의 극단적 마찰이 일어나 심각한 통증을 느껴야 하지만 오피오이드 수용체가 이 아픔을 완화해준다. 오피오이드의 별명은 '뇌 내 호르몬'으로, 강렬한 쾌감을 일으킨다. 시원하게 소변을 보면 짜릿한 쾌감과 황홀감을 느끼는 이유도 이 때문이다.

등산이나 마라톤은 신체가 인공적인 위기에 노출된 유사 위기 상황이다. 때로 이 위기감이 몸에 배어 등산이나 달리기에 푹 빠지는 사람이 있다. 이 역시 오피오이드 수용체의 작용이다. 운동으로 생기는 기분 좋은 느낌은 대개 황홀감에 탐닉해 나타나는 신체 반응이다.

외부의 적에게 습격받은 동물도 마찬가지다. 무통과 동시에 황홀감을 동반할 가능성이 있다. 결국 도망치지 못해 포식자에게 잡아먹히는 순간 의식이 또렷한 상태가 된다. 그러나 우리가 상상하는 것만큼 고통스럽지는 않다. 실제로 사자에게 잡아먹히는 얼룩말은 모든 것을 포기한 채 몸의 힘을 빼고 축 늘어진다. 그 모습이 마치 자기 몸을 자연의 영양원으로 포식자에게 기꺼이 바치는 숭고한 영웅처럼 보이기까지 한다.

무사도에서는 앞에서 칼에 맞아 생긴 '흉터'를 명예로운 훈장처럼 여기고, 등 뒤에 생긴 '흉터'를 수치로 여긴다. 적에게 정면으로 맞서는 정정당당한 모습은 실제로 황홀감이 극치에 달한 자아도취 상태에서 나타나는 신체 반응일지도 모른다.

심리실험 15

쥐와 사람 모두 초기에 많이 실패할수록 최종 성공률이 눈에 띄게 높아진다는데?!

**도쿄대 이케가야 교수팀의
'미로에서 쥐를 이용한 최단 거리 찾기 실험'**

일본 도쿄대학교 이케가야 유지 교수 연구팀은 목표 지점에 도달할 수 있는 경로가 몇 가지 되는 미로를 제작해, 일부를 가끔 폐쇄하거나 재개방하는 등 자연에 가까운 환경에서 쥐의 행동을 섬세하게 해독했다.

쥐는 미로 안에서 얼마나 훈련해야 최종 목표 지점에 도달할까? 처음에는 막다른 길에 들어가거나 같은 길을 몇 번 되돌아가는 등 실패를 반복하지만, 결국 모든 쥐가 최단 경로를 선택했다. 물론 각각의 편차는 크다. 20일 가까이 걸린 쥐도 있고 3일 만에 최단 경로를 찾아낸 쥐도 있었다. 무수한 매개변수를 계측한 결과, 개체 차를 결정하는 요인은 학습 초기에 얼마나 불필요한 경로를 통과하는가였다. 초기에 많이 실패할수록 최종적으로 뛰어난 성적을 거두었다. 또 이리저리 헤맨 쥐는 그 후 최단 경로가 막혀도 신속하게 차선 경로를 찾는 등 유연성을 발휘했다.

뇌 연구자는 여러 동물의 뇌를 연구 대상으로 삼는다. 특히 포유류인 쥐는 실험 대상으로 가장 적합하다. 몸집이 작으면서 사람을 방불케 할 정도로 고도의 지적 행동을 보여주기 때문이다. 우리 연구실이 2016년에 발표한 쥐 실험을 소개한다.

쥐의 학습 능력은 약 100년 전부터 연구를 거듭해 많은 부분이 해명되었다. 이런 연구 대부분은 미로를 통과하는 공간 학습 검사 실험이다. 그러나 기존 연구에는 한 가지 결점이 있었다. 미로의 갈림길이 단순한 두 갈래이고 정답이 고정되어 있었다. 즉, 단순한 양자택일 과제를 부여했다.

생물이 자연환경에서 살아남으려면 시시각각 변화하는 상황에서 최적의 행동을 선택하는 게 중요하다. 실험실에서 극도로 단순화된 미로 과제에서는 자연계에서 필요한 문제 해결 능력을 거의 알아낼 수 없다. 그런 까닭에 연구팀은 목표 지점에 도달할 수 있는 경로가 몇 가지 있는 미로를 제작한 다음 미로 일부를 가끔 폐쇄하거나 재개방하는 등 자연에 더욱 가까운 환경에서 쥐의 행동을 상세하게 해독했다.

아래 그림은 연구팀이 만든 복잡한 미로의 개략도다(자연계의 복잡함에 비하면 아직 초보 수준이지만, 일단 첫걸음을 뗐다). 왼

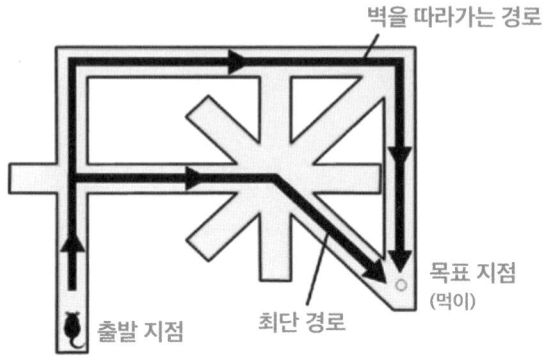

쪽 아래에 출발선, 오른쪽 아래에 먹이가 있다. 먹이에 도달하는 경로는 매우 많다. 이 미로에서는 아래쪽을 작게 도는 방법이 최단 경로다. 한편 위쪽을 밖으로 도는 방법은 교차점도 적고, 벽을 따라 걸으면 먹이에 도달할 수 있는 쉬운(즉, 심리적 부담이 적은) 경로다.

이 미로 안에서 며칠간 쥐를 훈련하면 최종 목표 지점에 도달할까? 처음에는 막다른 길에 들어가거나 같은 길을 몇 번이나 되돌아가는 등 실패를 반복하지만, 최종적으로는 모든 쥐가 '최단' 경로를 선택했다. 사람과 마찬가지로 쥐도 지름길을 선호한다.

이 학습 과정을 살펴보면 몇 가지 핵심을 짚어낼 수 있다. 쥐는 여러 가지 선택지를 균등하게 곱씹지 않는다. 오히려 수많은 선택지에서 한 번에 두 가지 경로로 압축해 양자택일하는 단순한 과제로 바꿔 미로를 통과했다. 이런저런 가능성을 한꺼번에 비교 검토하는 복잡한 사고를 하기 힘들어서일까? 그런데 사람도 쥐와 별반 다르지 않다. 가령 옷을 입을 때 최종적으로 두 가지 후보로 좁히고 나서, 둘 중 어느 것을 입을지 결정할 때가 많다.

쥐에게는 각각 개체 차도 있다. 최단 경로로 안착할 때까지 20일 가까이 걸린 쥐도 있고, 3일 만에 정답을 찾아낸 쥐도 있었다. 이런 성적의 개체 차를 결정하는 요인은 무엇일까? 무수한 매개변수(parameter)를 계측해서 해독한 결론은 참으로 단순하다.

첫째 날과 둘째 날에 얼마나 많이 실패하는가, 즉 학습 초기에 얼마나 불필요한 경로를 통과하는가가 결정적이었다. 초기에 많이 실패할수록 최종적으로는 뛰어난 성적을 거두었다. 또 이리저리 헤매고 에움길로 돌아간 쥐는 그 후 최단 경로가 막혀도 신속하게 차선 경로를 찾는 등 유연성을 발휘했다.

발명왕 토머스 에디슨의 말이 가슴을 울린다.

"나는 한 번도 실패한 적이 없다. 몇만 번이나 통하지 않는 방법을 발견했을 뿐이다."

심리실험 16

사진을 한 장만 보여줄 때보다 한꺼번에 여러 장 보여줄 때 매력도가 높아지는 경향의 뇌과학적 근거는?

캘리포니아대 판 오스 교수팀의 '치어리더 효과 실험'

미국 캘리포니아대학교 이베트 판 오스 교수 연구팀은 '사람은 개인으로 있을 때보다 집단으로 있을 때 더 매력적으로 보인다'라는 치어리더 효과에 부정적이다. 사진에서도 치어리더 효과가 발생하기 때문이다. 사진을 한 장만 볼 때보다 여러 장 늘어놓고 볼 때 매력이 더 부푼다. 연구팀은 평균 응시 시간이 같도록 환경을 조정해 실험을 진행했는데, 치어리더 효과가 사라지지 않았다. '밤, 원거리, 우산'을 이용한 은폐도 사람의 매력을 높이는 효과가 있다. 실험 결과 초점이 흐려지기만 해도 얼굴의 매력 점수가 편차치로 10점이나 상승했다. 그러나 집단이 되면 평가 점수가 더 올라가 치어리더 효과는 초점을 흐리는 방법으로 작용했다. 결국 치어리더 효과는 집단을 바라볼 때 우리 뇌가 자동으로 평균적 경향을 산출한다고 설명할 수 있다.

멋지게 활약한 프로야구 선수의 단독 인터뷰를 봤는데 기대만큼 훈남이 아니었다. 인기 아이돌 그룹의 센터가 솔로 활동에 나섰는데 그룹으로 활동할 때만큼 대박을 터뜨리지 못했다. 미팅 자리에서 마음에 들어 서로 연락처를 주고받은 뒤 둘이 따로 만났는데 뭔가 실망스러웠다······.

이와 비슷한 이야기를 자주 듣는다. 기분 탓이 아니라 오래전부터 잘 알려진 현상이다. 사람은 개인으로 있을 때보다 집단으로 있을 때 더 매력적으로 보인다. 이 현상은 2008년 방영된 미국 인기 TV 코미디 프로그램 〈내가 그녀를 만났을 때(How I Met Your Mother)〉 시즌 1에서 이름을 따와 '치어리더 효과'라 부르고, 전문가들 사이에서도 이 이름으로 정착되었다. 치어리더 효과가 의미하는 바는 단순하다. 치어리더의 군무는 시선을 뗄 수 없을 정도로 화려한데, 치어리더 한 명 한 명을 떼어놓고 보면 평범한 여학생 같다는 내용이다.

치어리더 효과는 왜 생길까? 사람은 사회적 동물이기 때문이다. 따라서 사람은 여럿이 상호 작용하는 집단에 적합하게 설계되어 같이 있을 때 더 활발하고 생기 넘쳐 보인다. '집단으로 있을 때 매력적으로 말하고 행동하기 위해 노력'하도록 자동 프로그래밍되었기 때문이라고 볼 수 있다.

그러나 미국 캘리포니아대학교 이베트 판 오스(Yvette van Osch) 교수 연구팀은 이런 주장에 부정적이다. 사진에서도 치어리더 효과가 발생하기 때문이다. 사진을 한 장만 볼 때보다 여러 장 늘어놓고 볼 때 매력이 더 부풀려진다. 2015년 《심리과학(Psychological Science)》에 발표된 논문에 따르면, 네 장의 사진을 제시해도 충분한 치어리더 효과를 얻을 수 있다.

'보는 시간' 가설도 떠올릴 수 있다. 인원수가 많으면 당연히 한 사람 한 사람 음미하는 시간이 짧아진다. 일반적으로 사진 제시 시간이 0.5초보다 짧으면 구석구석 뜯어보며 흠잡을 시간이 없어 결과적으로 그 인물에 대한 평가가 후해진다고 알려져 있다. 그래서 판 오스 교수 연구팀은 평균 응시 시간이 평등하도록 환경을 조정해 실험을 진행했는데 치어리더 효과는 사라지지 않았다.

'은폐'도 사람의 매력을 높이는 효과로 알려진 요소다. 가령 여성이 아름다워 보이는 조건으로 '밤, 원거리, 우산'이라는 말이 있다. 어둡고 먼 곳에서 우산을 썼을 때 봐야 가장 아름답다는 것이다. 밤, 원거리, 우산은 '잘 보이지 않는다'는 공통점이 있다.

뇌는 은폐된 부분을 이상형으로 보충해서 상상한다. 그래서 연구팀은 초점이 맞지 않는 사진으로 실험했다. 초점이 흐려지기만 해도 얼굴의 매력 점수가 편차치로 10점이나 상승했다. 그러나 집단이 되면 평가 점수가 더 올라가 치어리더 효과는 초점을 흐리는 방법으로도 효과를 발휘했다.

결국 치어리더 효과는 집단을 바라볼 때 우리 뇌가 자동으로 그 평균적인 경향을 산출한다고 설명할 수 있다. 예를 들어, 아래 그림에는 다양한 방향으로 들쭉날쭉하게 뻗은 선이 그려져 있는데, 전체적으로는 세로 방향과 가로 방향으로 느껴진다. 그러나 엄밀하게 따지면 세로선과 가로선이 한 줄도 없다. 이와 마찬가지로 우리 뇌는 자연스럽게 얼굴 사진을 볼 때도 단체 사진을 보는 경향으로 '평균 얼굴'을 산출한다.

평균적인 얼굴은 개인 취향과 무관하게 매력적으로 보인다는 사실이 중요하다. 컴퓨터 그래픽을 활용해 얼굴 사진을 합

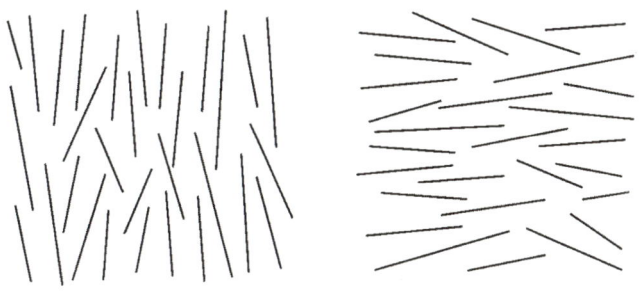

전체적으로 세로 방향(왼쪽)과 가로 방향(오른쪽)으로 느껴진다.

성할 때도 더 많은 얼굴을 합성할수록 매력도가 높아진다. 즉, '집단의 평균 얼굴 점수가 개인의 실제 점수 평균치보다 높아진다'.

치어리더 효과는 단순한 것 같지만 의외로 심오한 뇌의 고차원적 계산 결과다.

심리실험 17

뇌는 잠재 능력이 뛰어나 아무리 나이를 먹어도 갈고닦을 수 있다는데?!

**도쿄대 이케가야 교수팀의
'앞 못 보는 쥐를 대상으로 한 미로 찾기 탐색 실험'**

사람이 느끼는 다섯 가지 신체 감각을 '오감'이라고 한다. 그런데 동물계에는 사람보다 훨씬 뛰어난 감각을 지닌 동물이 많다. 사람은 왜 다른 동물들보다 감각이 덜 발달했을까? 뇌의 성능이 부족해서일까? 자외선과 초음파를 다루는 동물의 뇌를 관찰해도 사람보다 딱히 우수한 점을 찾을 수 없다. 아마도 감각 능력은 뇌의 성능이 아니라 신체의 감각 센서 보유에 따라 결정되는 모양이다.

사람은 뇌를 얼마나 효과적으로 활용할까? 뇌의 리미터(limiter)는 뇌 자체가 아니다. 능력을 제한하는 구속 장치는 신체다. 지금 가진 오감 센서를 이용하는 한 뇌의 진가를 발휘할 수 없을 것이다. 편광, 라디오파, 기압, 방사선, 습도, 이산화탄소 등은 사람의 신체가 센서를 갖추지 않아 느낄 수 없다. 이런 미지의 정보를 감지할 수 있다면 세상이 어떻게 보일까? 세계는 우리가 느끼는 것 이상으로 다채롭고 풍요롭지 않을까?

시각, 청각, 후각, 미각, 그리고 촉각까지, 사람이 느끼는 다섯 가지 신체 감각을 '오감'이라고 한다. 몸의 감각 기관이 이런 정보를 정교한 구조로 감수해 우리는 다채롭고 풍요로운 세상을 느낄 수 있다. 그렇다면 사람의 감각 세계란 도대체 무엇일까? 조물주의 오묘한 섭리는 인간의 깜냥으로 헤아리기 어렵다. 새와 벌레도 사람과 비슷한 세계를 느낄까?

사람의 눈으로 볼 수 있는 빛을 '가시광선(可視光線)'이라고 한다. 이 파장 범위에서 아주 약간만 벗어나도 자외선과 적외선이 되어 눈으로 볼 수 없다. 한편 사람의 귀로 들을 수 있는 소리를 '가청음(可聽音)'이라고 하며, 사람의 귀에 소리로 들리는 한계 주파수 이상이어서 들을 수 없는 음파를 '초음파'라고 한다.

하지만 가시광선과 가청음은 어디까지나 사람을 기준으로 한 정의다. 예컨대 파충류와 조류, 곤충 등 많은 생물은 자외선을 볼 수 있다. 즉, 대다수 동물에게는 자외선이 '가시광선'인 셈이다. 가청음도 마찬가지다. 돌고래와 박쥐, 쥐 등 포유류 중에도 초음파로 소통하는 동물이 드물지 않다.

사람의 '다채롭고 풍요로운' 세계는 동물 기준에서 보면 밋

밋하기 짝이 없는 색이 바랜 흑백 세상이다. 그렇다면 사람은 왜 다른 동물들보다 감각이 덜 발달했을까? 뇌의 성능이 부족해서일까? 자외선과 초음파를 다루는 동물의 뇌를 관찰해도 사람보다 딱히 우수한 점을 찾을 수 없다. 아마도 감각 능력은 뇌의 성능이 아니라 신체의 감각 센서 보유 여부에 따라 결정되는 모양이다.

그런데 아쉽게도 이를 증명한 연구는 없다. 그렇다면 우리가 직접 시험해보자. 만약 조물주가 새로운 감각 기관을 주신다면 뇌는 유연하게 감각 정보를 읽고 일상에 활용할까? 가령 인간은 지자기를 느끼지 못한다. 나침반이 없으면 동서남북을 알 수 없다. 만약 지자기 센서 전자칩을 뇌에 이식하면, 우리 뇌가 이 정보를 이해할 수 있을까?

사람은 동서남북이라는 방향 지식을 학교 공부로 습득하기 때문에 연구 대상으로 부적합하다. 그래서 쥐를 이용하기로 했다. 2.5그램짜리 미소(微小) 임플란트를 독자적으로 개발해 쥐의 뇌에 탑재하자 바로 판명되었다. 쥐는 방향의 '의미'를 해독하고 이 정보를 활용해 먹이를 탐색했다.

우리 연구팀조차 놀란 점이 두 가지 있다. 첫째는 시력 장애가 있는 쥐에게 임플란트를 이식하자 마치 앞이 보이는 것처럼 자

유롭게 미로를 탐색했다. 어쩌면 사람도 자기 나침반으로 시각 장애인의 보행을 보조할 수 있지 않을까? 시각 장애인이 사용하는 흰 지팡이(white cane)에 방위를 나타내는 자침(磁針)을 장착하는 등 응용 가능성을 염두에 둘 수 있다.

둘째는 '다 자란' 쥐의 뇌도 이틀 훈련으로 지자기 감각을 습득했다. 유아기부터 훈련이 필요하지는 않았다. 쉽게 말해, 조기 교육이 필요하지 않았다. 뇌가 가늠할 수 없는 잠재 능력을 지니고 있어 나이를 먹어도 갈고닦을 수 있다는 반가운 소식이다.

우리는 뇌를 얼마나 효과적으로 활용하고 있을까? 뇌의 리미터(limiter)는 뇌 자체가 아니다. 능력을 제한하는 구속 장치는 신체다. 지금 가진 오감 센서를 이용하는 한 뇌의 진가를 발휘할 수 없을 것이다. 편광, 라디오파, 기압, 방사선, 습도, 이산화탄소 등은 우리 신체가 센서를 갖추지 않아 느낄 수 없다. 이런 미지의 정보를 감지할 수 있다면 세상이 어떻게 보일까? 우리가 사는 세계는 우리가 느끼는 것 이상으로 다채롭고 풍요롭지 않을까?

심리실험 18

쥐의 뇌도 사람의 뇌처럼 탁월한 '병행 처리 능력'을 갖고 있다고?

도쿄대 이케가야 교수의 '뇌 신경세포에 관한 연구'

뇌 회로는 병행 처리가 가능하다. 무수한 신경세포가 동시에 일제히 계산한다. 라디오를 들으면서 요리하고, 동시에 넘어지지 않도록 다리와 몸통 근육을 제어하고 폐로 호흡하며 혈압도 조절하는, 저글링 수준을 넘어선 아찔한 곡예는 뇌의 고도로 발달한 동시 병행 정보 처리 덕분에 가능하다.

병행 처리는 쥐의 뇌에서도, 사람의 뇌에서도 이루어진다. 사람은 병행 처리 능력이 탁월하다. 그렇지만 병행 처리는 뇌의 크기가 커지면서 생긴 필연적 귀결이기 때문에 사람이 더 진화한 생물이라고 단언할 수 없다. 생리적 제약으로 사람 뇌의 신경 결합은 가까운 세포끼리 이어진 '국소 회로'가 메인이다. 그래서 사람의 뇌에서는 중앙의 통제력이 약하고, 각 영역이 독립적인 경향이 있다. 다행인지 불행인지 이 구조적인 한계로 병행 처리가 발달했다.

뇌와 컴퓨터의 차이에 대해 종종 공학계 연구자들은 컴퓨터와 달리 뇌는 고차원적인 병행 처리가 가능하다고 지적한다. 병행 처리란 여러 데이터를 동시에 처리하는 작업을 말한다.

우리가 일상적으로 사용하는 컴퓨터도 병행 처리를 하는 것처럼 보인다. 가령 문서 작업을 하면서 다른 창을 열어 계산기 프로그램을 돌릴 수 있다. 하지만 이는 표면적으로만 병행 처리로 보일 뿐 컴퓨터 내부에서는 계산 코어에서 중앙 연산 처리 장치(CPU)가 하나하나의 연산을 순서대로 처리한다. 순차 처리 속도가 워낙 빨라서 마치 '동시'에 처리하는 것처럼 느껴지는 것이다.

뇌 회로는 병행 처리가 가능하다. 무수한 신경세포가 동시에 일제히 계산한다. 라디오를 들으면서 요리하고, 동시에 넘어지지 않도록 다리와 몸통 근육을 제어하고, 폐로 호흡하면서 혈압도 조절하는, 저글링 수준을 넘어선 아찔한 곡예는 뇌의 고도로 발달한 동시 병행 정보 처리 덕분에 가능하다.

병행 처리는 쥐의 뇌에서도 사람의 뇌에서도 이루어진다. 사람의 병행 처리 능력은 탁월하다. 그렇지만 사람이 더 진화한 생물이라고 단언할 수 없는 측면도 있다. 병행 처리는 뇌의 크기가 커지면서 생긴 필연적 귀결이기 때문이다.

뇌가 커지면 당연히 신경 회로의 배선에 부하가 걸린다. 멀리 떨어진 신경세포와 연결하려면 긴 섬유를 뻗어야 하고, 배선을 위한 공간과 각 부위 부품을 생산하는 소재도 확보해야 한다. 유지비도 들어간다. 다시 말해, 뇌가 거대해지면 비용 관점에서 멀리 떨어진 신경세포와 회로를 구축하는 데 걸림돌이 생긴다. 결국, 생리적 제약으로 사람 뇌의 신경 결합은 가까운 세포끼리 이어진 '국소 회로'가 메인이다. 그래서 사람의 뇌에서는 중앙의 통제력이 약하고, 각 영역이 독립적인 경향이 있다. 다행인지 불행인지 이 구조적 한계 때문에 병행 처리가 발달했다.

그런데 국소 회로라는 명칭은 오해를 불러일으킬 수 있다. '국소'라고 하지만 사람의 국소 회로는 쥐의 뇌 전체보다 크다. 즉, 미세한 차원에서 보면 사람의 뇌에서는 쥐와 비교해 멀리 떨어진 신경세포와 이어지는 확률이 높아진다고 할 수 있다.

이 부분도 한마디로 설명할 수 없는 사실을 보여준다. 쥐의 뇌는 발달이 빨라 수정 후 1개월 남짓 지나면 성체 크기의 뇌로 성장해 신경세포가 분열 증식하면 이미 주변 신경세포와 시냅스 결합을 형성할 수 있다. 그러나 사람의 뇌는 몇 년에 걸쳐 천천히 성장한다. 신경세포도 긴 시간에 걸쳐 서서히 생겨나, 빨리 태어난 세포끼리 신속하게 회로를 형성하면 나중에 생겨난 세포가 끼어들 여지가 없어진다.

사람의 뇌에는 신경세포가 생겨나서 바로 성숙하지 않도록 억제하는 기구가 갖춰져 있다. 바로 SRGAP2C라는 유전자다. 이 유전자가 작동하면 시냅스는 '미숙한' 채로 한동안 머물 수 있다. 그러나 쥐는 SRGAP2C가 없다. 그렇다면 진화 과정에서 언제 SRGAP2C가 탄생했을까? 엄밀한 조사 결과, 약 340만 년 전이라고 추측하게 되었다. 사람의 조상인 오스트랄로피테쿠스 시대다. 이 시기를 기점으로, 고등 영장목의 거대한 뇌는 적당히 가까운 회로끼리 회선을 형성하지 않고, 시간을 들여 신중하게 뇌를 성장시키는 전략으로 변화했다. SRGAP2C는 말하자면 사람의 '대기만성'을 실현하는 유전자다.

심리실험 19

기억을 모두 상실하면 '시간 변화'를 감지할 수 없는 뇌과학적 근거는?

도쿄대 이케가야 교수의
'뇌와 기억, 시간에 관한 연구'

기억은 과거에 보고 들은 정보의 축적이다. 말하자면 정보의 시간 적분이다. 시간이 과거에서 미래로 일방통행하기에 뇌는 기억을 저장할 수 있다. 만약 시간이 역방향으로 흐른다면 기껏 저장한 기억이 덮어씌워져 서서히 지워질 것이다.
우리가 '시간 변화'를 감지할 수 있는 것은 기억이 존재하기 때문이다. 만약 시간이 역전한다면 기억은 사라질 것이다. 그리고 기억이 없다면 변화를 관찰할 수 없다. 즉, 설령 역행하는 시간이 존재하더라도 뇌는 감지할 수 없다. 뇌가 기억을 활용해 시간을 검출한다는 수단을 채용한 이상 사람이 관찰할 수 있는 시간은 과거에서 미래라는 한 방향으로만 흐른다.

"과거의 기억은 있는데, 미래의 기억은 왜 없을까?" 이런 질문을 받은 적이 있다. 대략 20년 전 이야기다. 당시에는 말장난 같은 요소가 섞인 이 질문의 의미를 깊이 생각하지 않고 넘어갔는데, 시간이 지나면서 마음속에 스멀스멀 새끼를 치며 몸집이 불어나더니 본격적으로 존재감을 과시하기 시작했다.

이 질문은 '시간은 왜 과거에서 미래로 일방통행하는가?'라는 본질적인 물음에 뿌리를 두고 있다. 다시 말해, 애초에 '왜 시간이 존재하는가?'라는 철학적 물음과도 관계있다. 이 세상에는 시간이 존재하고, 우리 뇌는 그 시간을 감지하도록 진화했다.

그렇다면 우리는 어떻게 시간의 흐름을 감지할까? 핵심은 '기억'에 있다. 예를 들어, 이 세상이 전혀 변화하지 않으면 시간의 경과를 알 수 있을까? 한 치도 변화하지 않는 세상을 상상해보자. 시계는 멈춰 있고, 나뭇잎이 흔들리지 않고, 모든 사물이 정지해 있다. 태어난 후 아무것도 변화하지 않는 세상에서 산다면 시간을 느낄 수 없을 것이다.

그러나 우리는 변화를 관찰해 '시간의 움직임'을 알 수 있다. 변화했다는 사실을 알기 위해 필요한 요소가 바로 '기억'이다.

예전과 현재의 차이를 감지하기 위해서는 이전에 보았던 세상이 어떠했는지 기억해야 한다. 과거의 기억과 현재의 기억을 비교 조합해 두 기억의 차이가 있으면 '변화했다'고 판단할 수 있다. 즉, 뇌에 기억력이 갖춰져 있기에 우리는 시간 경과를 느낄 수 있다.

기억은 과거에 보고 들은 정보의 축적이다. 말하자면 정보의 시간 적분이다. 시간이 과거에서 미래로 일방통행으로 흐르기에 우리 뇌는 기억을 저장할 수 있다. 만약 시간이 역방향으로 흐르면 기껏 저장한 기억이 덮어씌워진다. 다시 말해, 시간이 역산하면 뇌 안의 기억이 서서히 사라지고 지워진다.

이런 사고 실험을 곰곰이 생각할수록 오묘한 기분에 빠져든다. 그리고 사고 실험 과정 자체가 참으로 즐겁다. 그런데 이 정도 고찰로는 아직 불충분하다. 그럼 사고 실험을 좀 더 진행해보자.

원래 시간이 역류하지 않는다는 보장이 있을까? 시간의 순행성을 가정하는 필연성은 어디에도 없다. 현대 물리학에 따르면 시간은 미래를 향해서도, 과거를 향해서도 양방향으로 흐를 가능성이 존재한다.

우리가 '시간 변화'를 감지할 수 있는 것은 기억이 존재하기 때문이다. 만약 시간이 역전한다면 우리 기억은 사라진다. 기억이 없다면 변화를 관찰할 수 없다. 즉, 설령 역행하는 시간이 존재하더라도 우리 뇌에서 감지할 수 없다. 우리 뇌가 기억을 활용해 시간을 검출한다는 수단을 채용한 이상 사람이 관찰할 수 있는 시간은 과거에서 미래로만 흐른다.

  그렇게 시간을 마치 일방통행하는 것처럼 느낄 가능성은 없을까? 첫머리에 나온 질문의 '미래의 기억'은 '기억'의 정의에 비춰보면 존재하지 않고, 어쩌면 '이미 소실된 무언가'일 수도 있다. 만약 미래의 기억이 선명하게 남는다면, 우리는 양방향성으로 아로새겨지는 풍요로운 시간 감각을 터득했을 것이다.

심리실험 20

뇌과학적으로 수학이 다른 과목보다 유독 호불호가 심한 이유는?

**옥스퍼드대 카도시 교수팀의
'배외측 전전두피질 자극 활성화 실험'**

2019년 영국 옥스퍼드대학교 로이 코언 카도시 교수 연구팀이 수학에 불안을 느끼는 청년 25명을 대상으로 배외측 전전두피질을 자극해 활성화하는 실험을 진행한 결과, 수학을 싫어하는 증상이 사라지고 성적이 향상되었다. 배외측 전전두피질은 불안 감정을 억제하는 뇌 부위다. 즉, 수학을 싫어하는 사람은 이 감정 제어 브레이크가 제대로 작동하지 않아 불안이 전면에 드러난 상태다.
그렇다면 왜 수학은 다른 과목보다 유독 호불호가 심할까? 수학은 정답과 오답이 확실한 과목이라는 점과 뇌에 얼마나 자연스러운가 하는 점이 그 원인으로 꼽혔다. 언어는 인류 역사 초기부터 존재한 반면, 숫자는 비교적 최근에 추상적으로 조작한 것이다. 따라서 수학은 국어와 비교해 뇌 회로와 생리학적 궁합이 나빠 심리적 피로를 떠안기 때문이라는 것이다.

"이게 뭐야? 숫자에 공식이 있잖아. 아, 골치 아파!"

수식을 보고 고개를 절레절레 내저으며 책장을 덮는 사람도 있고, 수식만 보고 내용을 읽지 않는 사람도 있을 것이다. 수식 때문에 전체적인 인상이 달라지는 것은 과학자도 마찬가지다. 논문에 수식이 있으면 수준 높게 여겨 논문 채택률이 높아진 다는 사실은 이미 알려져 있다.

다음 수식은 《사이언스》에 채택된 내 첫 번째 논문에서 실제로 사용한 것이다.

$$T = h_{20}(0) \cdot \left(1 - \frac{\overline{|m-r|}}{|m|+|r|}\right)$$

$$L = \frac{1}{n-1}\sum_{i}^{n-1}\left|\frac{t'_i\cos\theta - t_i\sin\theta}{t'_i\cos\theta + t_i\sin\theta}\right|$$

신경 활동의 반복 정도 정량화

1996년 일어난 '소칼 사건(Sokal affair)'은 이런 심리를 악용한 대표적 사례다. 20세기 후반 철학계에서는 기묘한 프랑스

사상이 위세를 떨치고 있었다. 논문 제목이 독특하고, 수식과 과학 용어를 잔뜩 늘어놓는 것이 유행이었다. 논문의 본질보다 표면적 허식에 더 높은 점수를 매기는 이상한 상황이었다.

미국 뉴욕대학교 물리학자 앨런 소칼(Alan D. Sokal)은 이런 사태를 더 이상 지켜볼 수 없어 무의미한 용어와 수식을 그럴듯해 보이도록 나열한 허위 논문을 투고했다. 그런데 당시 인기 있던 철학 잡지에 그 내용이 그대로 실렸다. 소칼은 "누구나 사기임을 알아볼 정도로 엉성한 수식이었다"라고 고백했다.

장난기에서 시작한 이 사기극은 당시 철학(적어도 일부)이 '독자를 우롱하는 지적인 사기'임을 증명하는 계기를 제공했다. 당시 잡지 편집장에게는 저자조차 의미를 모르는 논문을 아무런 검증 절차 없이 게재한 공로로 '이그 노벨상'을 수여했다. 이처럼 수식은 전문가에게조차 '카리스마'를 발휘한다. 뒤집어서 보면 수식에 열등감을 가진 사람이 적지 않다는 말이다.

그렇다면 숫자 혐오증은 어떻게 결정될까? 흥미로운 가설은 '유전자가 결정한다'는 주장이다. 실제로 미국 오하이오주립대학교 저 왕(Zhe Wang) 교수 연구팀은 2014년에 약 600명의 쌍둥이를 대상으로, 수학 적성의 약 40퍼센트를 유전으로 설명할 수 있다는 사실을 밝혀냈다. 그러니까 나머지 60퍼센트는 환경으로 결정된다는 말이다. 즉, 수학 수업과 시험으로 고생깨나 한 경험이 있거나, 부모님 또는 선생님이 수학을 어떻게 지도했는가 등의 요인이 수학의 선호도를 결정한다.

　수학을 싫어하는 사람은 '배외측 전전두피질'이라는 뇌 부위의 활동이 약하다는 사실이 밝혀졌다. 2014년 영국 옥스퍼드대학교 로이 코언 카도시(Roi Cohen Kadosh) 교수 연구팀은 수학에 불안을 느끼는 청년 25명을 대상으로, 배외측 전전두피질을 자극해 활성화하는 실험을 진행했다. 그랬더니 수학을 싫어하는 증상이 사라지고 성적이 향상되었다. 배외측 전전두피질은 불안 감정을 억제하는 뇌 부위다. 말하자면, 수학을 싫어하는 사람은 이 감정 제어 브레이크가 제대로 작동하지 않아 불안이 전면에 드러난 상태다.

　그렇다면 수학은 왜 다른 과목보다 유독 호불호가 심할까? 한 가지 이유는, 수학은 정답과 오답이 확실하다는 점이다. 오답이면 확실하게 0점이 된다. 국어나 다른 과목처럼 부분적으로 정답 처리가 되는 문제가 많으면 재능 유무를 명확하게 지적하지 못해, 열등감을 심어줄 기회가 줄어들 수 있다.

　또 한 가지는 뇌에 얼마나 자연스러운가 하는 점이다. 언어는 인류 역사 아주 초기부터 존재한 반면, 숫자를 추상적으로 조작한 것은 비교적 최근이다. 다시 말해, 수학은 국어와 비교해 뇌 회로와 생리학적 궁합이 나빠, 심리적 피로를 떠안는 부자연스러운 학문이라고 할 수 있다. 그것이 열등감 발생을 부추기는 기폭제로 작용할 수도 있다.

심리실험 21

어린 시절 젓가락질을 전혀 해보지 않은 서양인이 동양인 못지않게 젓가락질을 잘하는 뇌과학적 근거는?

예일대 핀 교수팀의 '뇌 활동을 통한 버릇 확인 실험'

미국 예일대학교 에밀리 핀 교수 연구팀은 뇌가 강력한 개인차를 나타낸다는 사실을 증명했다. 걸음걸음에 습관이 있다면 실루엣 영상만 보고도 누군지 알 수 있다. 이와 마찬가지로 뇌 활동 양상을 관찰해 버릇을 알면 누군지 알 수 있다는 가설을 세우고 실험에 나섰다.

연구팀은 22~35세 남녀 126명의 뇌 활동을 MRI로 기록하고 뇌 활동 패턴으로 뇌의 주인을 맞힐 수 있는지 조사했더니, 95퍼센트가 정답을 맞혔다. 즉, 뇌 사용법은 사람에 따라 상당히 다르다. 하지만 그 당사자에 한해서라면 일관된 사용법을 보인다. 그래서 뇌 활동 패턴만 찾아내면 누구의 뇌인지 알 수 있다.

뇌를 사용하는 습관도 사고와 행동 패턴에 영향을 미친다. 연구팀에 따르면 '뇌문'을 관찰하면 그 사람의 능력이 어느 정도인지 가늠할 수 있다.

젓가락은 독특한 도구다. 세계 인구의 30퍼센트가량이 젓가락을 사용하는 문화권에서 살아간다. 그렇다면 한국, 중국, 일본을 비롯한 아시아의 젓가락 문화권에서 태어나고 자란 사람은 젓가락을 제대로 사용할까? 조사에 따르면, 성인의 70퍼센트만 젓가락질을 제대로 한다. 젓가락질에 자신 있는 사람도 잘못 사용하는 경우가 더러 있다. 깐깐하게 따지면, 젓가락질을 제대로 하는 사람은 절반 정도로 크게 줄어든다.

젓가락질에 이골이 난 사람들조차 젓가락질 수준이 천차만별이다. 당연히 젓가락에 익숙하지 않은 서양인은 젓가락질이 서툴 거라고 예상할 수 있다. 그런데 실제로는 의외로 젓가락질을 제대로 하는 서양인이 많다. 아시아 요리의 세계적 열풍으로 젓가락을 사용할 기회가 늘어났기 때문이다. 서양인은 대부분 성인이 된 뒤에 젓가락질을 배운다. 이것이 핵심이다. 성인이 되어 배우기 때문에 사용법을 제대로 익힌다.

아직 손끝이 여물지 않은 어린아이에게 억지로 젓가락을 쥐여줬을 때보다 어른이 되었을 때 배우면 올바른 젓가락질을 빠르게 익힐 수 있다. 젓가락 잡는 법, 연필 잡는 법, 자전거 타는 법, 키보드 치는 법 등 성장 과정에서 몸에 밴 습관은 좀처럼 고쳐지지 않는다. 따라서 어릴 적에 억지로 배워 잘못된 방법을 익히기보다는 어른이 된 뒤에 익히는 것이 효율적이다.

그렇다면 '습관'이 나타나기 가장 쉬운 신체 부위는 어디일까? 개인차가 가장 심한 부위는 '뇌'다. 미국 예일대학교 에밀리 핀(Emily S. Finn) 교수 연구팀은 2015년 《신경과학(Nature Neurology)》에 발표한 연구에서 뇌가 강력한 개인차를 나타낸다는 사실을 증명했다. 증명 방법은 단순하다. 예를 들어, 걸음걸이에 독특한 습관이 있다면 실루엣 영상만 보고도 누군지 알 수 있다. 이와 마찬가지로 뇌 활동 양상을 관찰해 습관을 알면 누군지 알 수 있다는 가설을 세우고 실험에 나섰다.

연구팀은 22~35세 남녀 126명의 뇌 활동을 MRI(자기공명 단층 촬영)로 기록했다. 그리고 뇌 활동 패턴으로 뇌의 주인을 맞힐 수 있는지 조사한 결과, 95퍼센트라는 경이로운 정답률을 기록했다. 즉, 뇌 사용법은 사람에 따라 크게 다르다. 한편 그 당사자에 한해서라면 일관된 사용법을 보인다. 그래서 뇌 활동 패턴만 찾아내면 누구의 뇌인지 알 수 있다.

마치 지문처럼 사람마다 고유한 뇌 활동 패턴이 존재한다. 이것을 '뇌문(腦紋)'이라고 한다. 뇌문은 개성의 상징이다. 참고로, 뇌의 개인차는 특히 전두엽에 강하게 드러난다. 무언가 작업할 때보다 그냥 멍하니 있을 때 고유의 활동이 두드러진다.

뇌에는 가전제품을 사면 흔히 따라오는 '취급 설명서'가 없

다. 그래서 자기만의 방식으로 뇌를 사용한다. 남이 뇌 쓰는 방법을 보고 내 식으로 수정할 수도 없고, 남에게 왜 뇌를 그렇게 쓰냐고 지적할 수도 없다. 그래서 젓가락질이나 걷는 모습보다 개인차가 나타나기 쉽다.

젓가락은 중국에서 처음 사용되었다. 날붙이는 살생을 연상시킨다고 해서 밥상에서 칼을 치우면서 생겨난 관습이라는 주장이 있다. 이런 감각은 나이프나 가위를 식탁에서 사용하는 서양 요리와 한국 요리와는 거리가 있다. 다시 말해, 젓가락은 세계적으로 독특한 식탁 예절의 '개성', 즉 버릇이라고 할 수 있다.

젓가락을 사용하는 습관은 당연히 식문화에도 영향을 준다. 젓가락으로 집기 쉬운 크기로 재료를 썰고, 젓가락으로 자를 수 있도록 부드럽게 푹 익힌다……. 젓가락이라는 물리적 제약이 요리 스타일을 변화시켰다.

이와 비슷하게 뇌를 사용하는 습관도 사고와 행동 패턴에 영향을 미친다. 연구팀에 따르면, '뇌문'을 관찰하면 그 사람의 능력이 어느 정도인지 가늠할 수 있다. 마치 젓가락질을 보고 '가정 교육'을 짐작할 수 있듯, 뇌의 버릇에 지능 수준이 드러난다는, 알고 나면 마음이 불편해지는 지식이다.

심리실험 **22**

뇌와 뇌를 결합하면
어떤 놀라운 일이 벌어질까?

듀크대 니콜렐리스 교수팀의
'브레인넷 이론'

과학계를 선도하는 듀크대학교 미게우 니콜렐리스 교수 연구팀은 뇌를 연결해 회로망을 만드는 작업을 브레인과 네트워크를 조합해 '브레인넷(BrainNet)'이라고 부른다. 본래 사람은 평소에 타인과 공동으로 작업한다. 지인과 대화하거나, 애인과 영화를 관람하거나, 친구와 야구를 하는 식이다. 빨간불 신호에서 정지해 초록불 신호를 기다리는 사람들에게 길을 양보하거나, 금연 장소에서는 흡연을 삼가 주위 사람의 건강을 배려하는 등 '규칙에 따르는' 행동도 사회 전체로 보면 공동 작업이라고 할 수 있다.
간단히 대화하거나 단조로운 작업을 공동으로 처리하는 상황에서 뇌 활동을 측정하면 호흡이 잘 맞을수록 상호 뇌 활동이 유사하다. 즉, 브레인넷을 활용해 뇌를 물리적으로 접합할 필요가 없는 일상생활에서 사람은 뇌를 서로 합쳐 협조하면서 살아간다.

뇌와 뇌를 결합하면 어떤 일이 생길까? 최근 SF 영화에나 나올 법한 연구가 진행되고 있다. 과학계를 선도하는 듀크대학교 미게우 니콜렐리스(Miguel Nicolelis) 교수가 이끄는 연구팀이 그 주인공이다. 연구팀은 뇌를 연결해 회로망을 만드는 작업을 브레인과 네트워크를 조합해 '브레인넷(BrainNet)'이라고 부른다.

본래 사람은 평소에 타인과 공동으로 작업한다. 지인과 대화하거나, 애인과 영화를 관람하거나, 친구와 야구를 하는 식이다. 여러 명이 협조해 행동할 기회는 끝이 없이 많다. 빨간불 신호에서 정지해 초록불 신호를 기다리는 사람들에게 길을 양보하거나, 금연 장소에서는 흡연을 삼가 주위 사람의 건강을 배려하는 등 '규칙에 따르는' 행동도 사회 전체로 보면 공동 작업이라고 할 수 있다.

간단히 대화하거나 단조로운 작업을 공동으로 처리하는 상황에서 사람의 뇌 활동을 측정하면 호흡이 잘 맞을수록 비슷하게 작동한다는 점을 알게 된다. 즉, '브레인넷'을 활용해 뇌를 물리적으로 결합할 필요가 없는 일상생활에서 사람은 자기 뇌를 다른 사람의 뇌와 연결하고 서로 협조하면서 살아가는

셈이다.

아르준 라마크리슈난(Arjun Ramakrishnan) 연구팀이 2015년 7월 발표한 브레인넷 성과를 두 가지 더 살펴보자. 먼저 원숭이 세 마리에게 컴퓨터 화면 안 가상 공간에 있는 공을 목적 장소로 옮기는 공동 작업을 하도록 했다. 가상 공간은 X, Y, Z축으로 이루어진 3차원이다. 원숭이는 각자 자기가 맡은 축을 움직여 공동으로 공을 옮겨야 한다. 한 마리라도 실수하면 공이 궤도에서 이탈하기 때문에 원숭이 세 마리의 호흡이 잘 맞아야 한다.

이 실험에서 원숭이는 손으로 레버를 조작하지 않았다. 라마크리슈난 연구팀은 원숭이 세 마리의 뇌가 직접 컴퓨터와 연결되어 녀석들의 신경 활동이 컴퓨터를 매개로 연동하는 장치를 설정했다. 연구팀은 이렇게 기묘한 상황에서 원숭이들이 1개월가량 훈련하면 능숙하게 연동해 공을 옮길 수 있다는 사실을 밝혀냈다.

연구팀은 쥐를 이용한 다른 실험에서 쥐 네 마리의 뇌를 연동시키는 데 성공했다. 그들은 쥐 한 마리를 한 개의 연산 소자(computering element)로 간주해 전부 네 개의 연산 소자로 이루어진 인공 회로를 설정하고 다양한 임무를 부여했다.

인공지능에도 네 개의 소자가 필요하다. 당시의 인공지능은 최신 인공지능과 비교하면 규모가 훨씬 작은 회로지만 간단한 화상 인식 등을 할 수 있었다. 이 임무를 수행하는 도중에 쥐들은 철저하게 '소자' 역할에 집중했다. 각각의 쥐는 상류 회로에서 보낸 신호에 따라 뇌 활동을 변화시킬 뿐이었다. 그러면 쥐의 머리에 장착된 장치가 해당 뇌 활동을 읽어 하류 뇌에 전달하는 방식으로 일련의 작업을 묵묵히 수행했다.

이 작업으로 인공 회로가 전체적으로 '화상 인식'이라는 고도의 작업을 수행한다는 사실이 밝혀졌다. 참고로, 브레인넷 작업 효율은 거의 동물 한 마리분에 해당한다. 세 마리 또는 네 마리를 투입해도 더 높은 능력을 발휘하지 못한다. 현재 상황에서는 아직 혼자 수행하는 편이 속도가 빠른 이인삼각 경주와 비슷해, 몇 마리가 모여야 겨우 '한 마리 몫'을 해낸다. 쉽게 말해, 뇌를 여러 개 연결하면 전체적으로는 오히려 효율이 떨어지는 셈이다.

이런 한계와 문제를 해결한다면 그 '집단 뇌'는 얼마나 탁월한 능력을 발휘할까?

심리실험 23

뇌는 고생하지 않고 얻는 것보다 뭔가 대가를 치르고 얻는 것을 선호한다고?

도쿄대 이케가야 교수의 '콘트라프리로딩 효과 실험'

그릇에 담은 먹이와 레버를 눌러야 나오는 먹이를 동시에 급여하는 실험을 하면 쥐들은 어떤 먹이를 선택할까? 결과는 바로 알 수 있다. 레버를 눌러 먹이를 얻는 비율이 훨씬 높다. 고생하지 않고 얻을 수 있는 그릇에 담긴 먹이보다 노동을 하고 얻는 먹이에 값어치를 높게 매기는 셈이다. 개와 원숭이는 물론 새와 물고기에 이르기까지 거의 모든 동물에서 관찰할 수 있는 이런 현상을 '콘트라프리로딩(Contrafreeloading) 효과'라고 부른다. 사람도 예외가 아니다. 미취학 아동을 대상으로 같은 실험을 하면 거의 100퍼센트 확률로 레버를 누른다. 뇌의 이런 본질적 습성을 알면 노동의 가치에 관해 다시 생각하게 된다. 누구나 유유자적하며 무위도식하는 생활을 동경한다. 그러나 만약 그런 꿈같은 생활을 실제로 하면 정말 행복할까?

소설가 무샤노코지 사네아쓰(武者小路)는 일본 다도 명인 센 다카후미(千敬史)에게 다도를 배웠다. 그는 엄격한 격식에 얽매이지 않고 차를 즐기는 마음가짐이 중요하다는 깨달음을 얻고, 다도란 세세한 예법에 집착하는 배타적이고 폐쇄적인 세계라고 잘못 생각해왔음을 반성한다고 말했다.

400년 전 식생활과 무사 문화가 융합된 일본 다도에는 나름의 예법이 있다. 물론 과학 기술이 발전하고 생활 환경이 큰 폭으로 개선되어 오늘날에는 몇몇 예법의 원래 기능적 의미가 소실되고 탐미적 상징으로 승화된 측면도 있다.

그렇지만 이를 무의미하다고 단정할 수는 없다. 우리 뇌에는 인지 부조화(cognitive dissonance) 버릇이 있기 때문이다. 인지 부조화란 자신의 믿음이나 확신이 틀린 것으로 판명되었을 때, 잘못된 믿음을 인정하기보다 현실을 자신에게 유리하게끔 왜곡하는 것을 말한다. 예를 들어, 특정 단체에 소속되었을 때 원하는 사람 누구나 가입할 수 있는 경우와 엄격한 훈련을 거쳐 회원으로 받아주는 경우가 있을 때, 아무 근거 없는 의식이라도 모종의 가입 기준이 있는 단체에 소속감과 애착이 강해진다.

우리 뇌는 고생하지 않고 얻은 것보다 무언가 대가를 치르고 얻은 것을 선호한다. 예법에 집착하는 다도는 통과의례가 있기에 '묘미'를 즐길 수 있다. 나는 업무상 거의 매일 쥐의 행동을 관찰한다. 평소에는 먹이를 그릇에 넣어주고 원할 때 자유롭게 먹을 수 있는 상태로 둔다. 물론 쥐는 제법 영리해 레버를 누르면 먹이가 나오는 장치로 바꿔도 바로 학습해 능숙하게 레버를 눌러 먹이를 챙겨 먹는다. 그래서 그릇에 담긴 먹이와 레버를 눌러야 나오는 먹이를 동시에 급여하는 실험을 해봤다. 쥐들은 어떤 먹이를 선택할까?

결과는 바로 알 수 있다. 레버를 눌러 먹이를 얻는 비율이 훨씬 높다. 고생하지 않고 얻을 수 있는 그릇에 담긴 먹이보다 노동을 하고 얻는 먹이에 값어치를 높게 매기는 셈이다. 개와 원숭이는 물론 새와 물고기에 이르기까지 거의 모든 동물에서 관찰할 수 있는 이런 현상을 '콘트라프리로딩(Contrafreeloading) 효과'라고 부른다. 사람도 예외가 아니다.

미취학 아동을 대상으로 같은 실험을 하면 거의 100퍼센트 확률로 레버를 누른다. 성장하면서 레버를 누르는 확률이 줄어들고, 대학생이 되면 절반 수준으로 내려가는데, 역시 완전히 이익만 추구하지는 않는다.

뇌의 이런 본질적 습성을 알면 노동의 가치에 관해 다시 생각하게 된다. 누구나 유유자적하며 무위도식하는 생활을 동경

한다. 그러나 만약 그런 꿈같은 생활을 실제로 하면 정말 행복할까? 참고로, 지금까지 이루어진 연구 결과 콘트라프리로딩 효과가 발생하지 않은 동물은 집에서 기르는 고양이뿐이었다. 고양이는 철저한 현실주의여서 레버를 누르는 수고를 하지 않는다. 어쩌면 고양이는 다도의 '묘미'와 무관한 독특한 가치관을 가진 동물일지도 모른다.

심리실험 24

출발 시간이 크게 다른 두 대의 엘리베이터가 어느 시점에 거의 비슷한 층에 서는 것은 어떤 원리 때문일까?

**율리히연구소 갈라스 박사의
'자기조직화 떠오름 현상 실험'**

독일 율리히연구소 제이슨 갈라스 박사는 계산 시뮬레이션을 활용해 '자기조직화 떠오름 현상' 실험을 했다.
컴퓨터 안에 여러 대의 가상 엘리베이터를 설정하고, 각 층에서 무작위로 고객이 타러 오는 상황을 연출했다.
엘리베이터 A가 B보다 앞서 운행한다. 기다리던 사람들이 먼저 도착한 A에 타려고 해 시간이 오래 걸리고, 조금 늦게 온 사람도 '아슬아슬하게 탑승'해 출발이 더 늦어진다. 한편 A가 떠난 직후 도착한 B는 거의 빈 상태로 출발해 정지 시간이 단축된다.
결국, 먼저 출발한 A보다 늦게 출발한 B의 이동 속도가 더 빨라져 B가 A를 따라잡는다. 만약 B가 A를 추월하면 이번에는 A가 늦게 출발해 A의 속도가 빨라진다. 같은 원리가 반복되어, 결국 A와 B는 거의 같은 타이밍에 오르내린다.

백화점에는 몇 대의 엘리베이터가 동시에 운행한다. 8층에 올라가려고 버튼을 눌렀는데, 하필 1층을 막 출발한 상태다. 옆 엘리베이터를 확인하니 3층에 있다.

이처럼 여러 대의 엘리베이터가 비슷한 타이밍에 오르내리는 모습을 흔히 볼 수 있다. 고객 서비스 차원에서 볼 때 엘리베이터를 좀 더 융통성 있게 운행하면 스트레스가 줄어들 텐데, 엘리베이터는 왜 '동시'에 움직여 고객을 약 오르게 할까?

이것은 백화점이 일부러 고객을 괴롭히기 위한 것이 아니라 저절로 동기화가 나타나는 현상이다. 이를 '자기조직화 떠오름(emergence) 현상'이라고 한다. 독일 율리히연구소 제이슨 갈라스(Jason A. C. Gallas) 박사가 계산 시뮬레이션을 활용해 이 사실을 확인했다. 컴퓨터 안에 여러 대의 가상 엘리베이터를 설정하고, 각 층에서 무작위로 고객이 타러 오는 상황을 연출했다. 엘리베이터는 서로 연락하지 않고 각자 알아서 움직여야 하는데, 마치 짠 듯이 차츰 오르내리는 타이밍이 맞춰졌다.

이해하기 쉽게 설명하면 다음과 같다. 엘리베이터 A와 B가 있는데, A가 B보다 앞서 운행한다. 기다리던 사람들은 먼저 도착한 A에 타려고 한다. 당연히 사람이 타려면 시간이 걸린다. 그만큼 문이 오래 열려 있어 조금 늦게 온 사람도 '아슬아슬하게 탑승'한다. 그래서 A의 출발이 더 늦어진다. 한편 곧이어 도착한 B는 A가 고객을 태우고 떠난 뒤라서 기다리는 사람이 적어 거의 빈 상태로 출발한다. 그래서 정지 시간이 단축되고 빠르게 출발할 수 있다.

결국, 먼저 출발한 A보다 늦게 출발한 B의 이동 속도가 더 빨라져 B는 A를 따라잡는다. 만약 B가 A를 추월하면 이번에는 A가 늦게 출발해 A의 속도가 빨라진다. 이후 과정은 같은 원리로 반복된다. 그 결과, A와 B는 거의 같은 타이밍에 오르내린다. 이렇게 생각하면 엘리베이터의 동시 출발은 '당연한 현상'으로 이해된다.

그럼 에스컬레이터를 보자. 고장 나서 멈춘 에스컬레이터를 터벅터벅 걸어 올라가야 할 때가 있다. 타는 순간 몸과 감각이 일치하지 않는 듯한 기묘한 위화감이 든다. 이 '고장 에스컬레이터 현상'의 원리는 참으로 복잡한데, 최근에야 겨우 과학적으로 해명되고 있다.

이 현상은 시각 인지와 운동 명령이 별개의 신경 계통에서 처리되기 때문에 생긴다. '에스컬레이터가 멈춰 있다'고 눈으로 인식하면서도 우리 몸은 '평소 습관'처럼 중심을 앞으로 이동시키려고 해서 정합성이 맞지 않는다. 의식과 무의식이 사소한 '엇박자'를 일으킨다.

  우리는 '내'가 한 사람밖에 없다고 믿는다. 그러나 우리 뇌 속에는 여러 명의 내가 동시에 존재하고, 그것들이 병행해서 작업한다. 간단한 동작이라면 하나하나의 근육 수축을 의식하지 않고 '여러 명의 자아 중에서 누군가'가 대행한다. 이것이 무의식이다. 이는 매우 중요한 현상이다. 만약 신체 전체를 '나' 한 사람이 제어한다면 마음은 처리 용량을 초과해 터져버릴 것이다. 식사하면서 대화하고, 걸으면서 생각하는 것과 같은 병행 처리는 여러 명의 내가 뇌 안에서 복작대며 함께 살기에 부릴 수 있는 '곡예'다.

  그만큼 내 안에 '나'가 많으면, 때로 손발이 맞지 않아 엇박자가 나기도 한다. 고장 에스컬레이터 현상은 수많은 자아가 동거해서 생기는 소소한 에러라고 할 수 있다.

CHAPTER
3

"칭찬은 고래도 춤추게 한다"가
뇌과학적으로 위험한 까닭

심리실험 25

단맛 뇌 영역을 자극하면 실제로 '단맛'을 핥을 때와 같은 반응을 보인다고?

국립싱가포르대 라나싱어 교수팀과 컬럼비아대 펭 교수팀의 '가상 미각을 환기하는 두 가지 방법'

국립싱가포르대학교 니메샤 라나싱어 교수 연구팀은 혀를 인공적으로 자극해 가상의 미각을 환기하는 방법을, 미국 컬럼비아대학교 웨칭 펭 교수 연구팀은 뇌 자극을 통한 미각 환기 방법을 개발했다.

라나싱어 교수팀은 판자 형태의 전극을 혀에 대고 누르면 끝부분의 전류와 온도가 변동해 미각을 일으키는 장치를 발명했다. 연구팀은 전극을 정밀하게 제어해 다섯 가지 미각 중 단맛, 신맛, 짠맛, 쓴맛을 환기하는 데 성공했다. 펭 교수팀은 단맛, 쓴맛, 짠맛 등 다양한 화합물 50종을 순차적으로 쥐에게 핥게 해 달면 혀를 움츠리고, 쓰면 혀를 길게 늘이는 등의 규칙을 가르쳤다. 이를 통해 화합물을 쥐가 달다고 느끼는지 쓰다고 느끼는지 알 수 있었다. 그리고 단맛 뇌 영역을 자극하자 '단맛'을 핥을 때와 같은 혀 놀림을 보였다. 이 실험으로 쥐는 뇌 자극만으로도 '단맛'을 느낀다는 사실이 확인되었다.

SF 프로그램의 식탁 장면에서 묘사된 우주식이 인상 깊었다. 우주 비행사들이 먹는 '고기능성 식품'은 장기간 우주여행에 견딜 수 있도록 화학적으로 가공되고, 운반에 편리하도록 소형 경량화한 고형 입자로, 한 알만 먹으면 필요한 영양분을 충분히 얻을 수 있게 설계되었다. 게다가 식사 중에 별도로 뇌를 직접 자극해서 가상의 미각을 유도했다.

이 프로그램을 보면서 현재 기술로는 불가능하지만, 미래에는 어느 정도까지 실현될 수도 있겠다는 생각이 들었다. 그런데 그 미래가 생각보다 빨리 찾아올 수도 있겠다는 예감이 드는 발표가 이어졌다. 가상의 미각을 환기하는 방법이 개발되었는데, '혀'를 인공적으로 자극하는 방법과 '뇌'를 인공적으로 자극하는 방법이다.

2012년 국립싱가포르대학교 니메샤 라나싱어(Nimesha Ranasinghe) 교수 연구팀은 판자 형태의 전극을 혀에 대고 누르면 끝부분의 전류와 온도가 변동해 미각을 일으키는 장치를 발명했다. 연구팀은 전극을 정밀하게 제어해 다섯 가지 미각 중 감칠맛을 제외한 네 가지, 즉 단맛, 신맛, 짠맛, 쓴맛을 환기하는 데 성공했다. 이 '디지털 사탕' 기술을 인터넷에 접속하면 미각 레시피를 발신해 전 세계 어디서든 같은 가상 요리를 동시에 맛볼 날이 올지도 모른다.

  뇌를 인공적으로 자극하는 방법은 개발이 늦어지고 있다. 하지만 2015년 12월 미국 컬럼비아대학교 웨칭 펭(Yueqing Peng) 연구팀이 《네이처(Nature)》에 발표한 쥐 실험을 보면 희망을 품어도 좋을 듯하다. 연구팀은 미각 중에서 단맛과 쓴맛에 주목했다. 지름이 약 1센티미터인 쥐의 대뇌에서 이 두 가지 미각을 담당하는 대뇌피질 영역은 2밀리미터 떨어져 있어 실험 과정에서 나누어 자극하기에 편리하다.

  기본적으로 단맛은 쾌감을 주고 쓴맛은 혐오감을 준다. 연구팀은 단맛과 쓴맛의 뇌 영역을 직접 자극해 쥐가 쾌감과 불쾌감을 느끼는지 조사했다. 쥐의 우리를 좌우로 나누고 쥐가 왼쪽 절반쯤 갔을 때 단맛 뇌 영역을 자극하도록 조건을 설정하자 왼쪽 절반에 머무는 시간이 늘어났다. 쓴맛 뇌 자극으로 조건을 설정하자 반대로 왼쪽 절반에 머무는 시간이 줄어들었다. 즉, 아무것도 먹지 않았지만 미각 영역을 자극하기만 해도 쾌감과 불쾌감 행동을 유발했다.

  그러나 쥐는 '맛이 달아요'라는 메시지를 전달할 수 없다. 이 실험에서는 행동으로 관찰된 쾌감이 단맛과 동등한지 확인할 길이 없다. 연구팀은 후속 연구에서 이 난제를 해결했다. 단맛, 쓴맛, 짠맛 등 다양한 화합물 총 50종을 순차적으로 쥐에게 핥게 한 뒤, 지금 핥는 것이 달면 혀를 움츠리고, 쓰면 혀를 길게 늘이는 등의 규칙을 가르쳤다. 이를 통해 연구진은 화합물을 쥐가 달다고 느끼는지 쓰다고 느끼는지 알 수 있었다.

 연구팀이 단맛 뇌 영역을 자극하자 단맛을 핥을 때와 같은 혀 놀림을 보였다. 이 실험으로 쥐는 뇌 자극만으로도 단맛을 느낀다는 사실이 확인되었다.

심리실험 **26**

직업 음악가가 소음이 심한 환경에서도 대화에 어려움을 겪지 않는 뇌과학적 근거는?

**노스웨스턴대 크라우스 교수팀의
'뇌파 추적을 통한 소리 식별 능력 테스트'**

직업 음악가는 소리 식별 능력이 뛰어나 소음이 심한 환경에서도 대화에 어려움을 겪지 않는다. 전문가가 아니더라도 음악 훈련으로 같은 변화를 유발할 수 있다는 재미난 연구 결과가 있다.
노스웨스턴대학교 니나 크라우스 교수 연구팀은 고등학교에서 음악을 선택한 학생과 선택하지 않은 학생의 차이에 주목해 학생들의 뇌파를 추적 조사했다. 입학 후 졸업까지 3년 동안 음악을 선택해 주 3시간 음악 수업에서 취주악 연습을 하고 대학생 수준의 합주를 학습 목표로 삼은 학생들은 N1이 커졌다. 음운을 구분하는 테스트에서도 음악을 선택하지 않은 학생과 비교해 졸업 시점에 2배 이상 향상되었다. 음운에 뛰어난 뇌 반응은 당연히 어학 습득에도 유리하게 작용한다.

음악 수업은 무엇을 위해 존재할까? 국어, 수학, 과학, 사회, 영어와 같은 주요 과목은 '대학 입시'에서 좋은 성적을 받기 위해서 배운다. 그래서 학생뿐 아니라 부모도 성적에 예민하다.

반면 음악이나 체육, 미술 같은 예체능 과목은 전공하는 학생이 아닌 경우 수업을 편안한 분위기에서 즐긴다. 따라서 이런 과목은 중요도가 떨어지는 경향이 있다. 대학 입시가 코앞인 수험생은 기말고사 준비 때도 예체능 과목을 별로 신경 쓰지 않는다.

체육은 체력을 기르고 신체 균형을 바로잡는 데도 도움이 된다. 미술이나 기술·가정은 각종 도구를 사용하는 방법을 배울 수 있어 일상생활에 즉각적인 효과를 기대할 수 있다. 그렇다면 음악은 어떤 면에서 유익할까?

음악은 정서 교육을 통해 사람답고 풍요로운 마음을 기르는 과목이라고 주장할 수도 있다. 그러나 뇌의 관점에서 보면 음악의 목적은 정서 교육에만 머물지 않는다. 정서 교육을 위해서라면 굳이 음악을 고집할 필요가 없다. 사실 음악 교육에는 음운 반응성을 높인다는 실리적 효용이 있다.

소리를 들었을 때 뇌 반응을 뇌파로 측정하면 청각피질에서

N1이라 불리는 특징적인 응답이 기록된다. 소리가 시작되고 0.1초 후 발생하는 순간적인 신경 반응이다. N1의 응답은 어린이의 성장에 맞춰 서서히 커지는데, N1의 크기는 흔히 말하는 '음감'을 반영한다고 추정된다. 성장과 더불어 다양한 음을 구분해서 들을 수 있는 능력과 관련된다.

직업 음악가의 뇌에서는 N1이 크다는 사실이 잘 알려져 있다. 큰 N1이 관찰되는 뇌에서는 일반인보다 뇌파 반응이 빠르고, 소음에도 집중력이 흐트러지지 않으며, 소리 반응의 오차가 적다. 또 아주 작은 소리의 차이에도 예민하게 반응한다.

실제로 직업 음악가는 소리를 식별하는 능력이 뛰어나 일반인과 비교하면 소음이 심한 환경에서도 대화에 어려움을 겪지 않는다. 아마 오랜 시간 음악 훈련을 한 결과, 음 전반에 대한 반응 정확도가 높아졌다고 추정할 수 있다. 전문가가 아니더라도 음악 훈련으로 같은 변화를 유발할 수 있다는 재미있는 연구 결과도 있다.

노스웨스턴대학교 니나 크라우스(Nina Kraus) 교수 연구팀은 2015년 8월《미국 국립과학원 회보(Proceedings of the National Academy of Sciences, PNAS)》에 이와 관련된 논문을 발표했다. 연구팀은 고등학교에서 음악을 선택한 학생과 선택하지 않은 학생의 차이에 주목했다. 주 3시간 음악 수업을 선택한 학생들은 수업 시간에 취주악 연습을 하고 대학생 수준

의 합주를 학습 목표로 삼았다.

뇌파를 추적 조사했더니, 입학 후 졸업까지 3년 동안 음악을 선택한 학생은 N1이 커졌다. 음운을 구분하는 테스트에서도 음악을 선택하지 않은 학생과 비교하면 졸업 시점에 2배 이상 향상되었다. 실제로, 음악을 선택한 학생은 소음 속에서도 대화에 지장이 없었다. 이처럼 음운에 뛰어난 뇌 반응은 당연히 어학 습득에도 유리하게 작용한다.

유소년기처럼 어린 나이가 아니라 고등학생 때 음악을 시작해도 충분한 효과를 얻을 수 있다니 지금이라도 악기를 배워보면 어떨까?

심리실험 27

보수파는 웃을 때 입꼬리가 올라가도 눈은 웃지 않는 '가식적 웃음'을 짓는 사람이 많다는데, 이유가 뭘까?

**캘리포니아대 디토 교수팀의
'행복도에 관한 설문 조사'**

캘리포니아대학교 피터 디토 교수 연구팀은 사람들의 성격을 보수파와 자유파로 나눠 행복도를 설문 조사한 결과 보수파의 만족도가 더 높다는 사실을 발견했다. 그러나 보수파가 자신에게 동기를 부여해 사회적 성공을 쟁취해서 행복하다고 느끼는지, 자신을 합리화해서 내가 행복한 사람이라고 믿을 뿐인지 알 수 없어 웃는 횟수를 측정했다. 미국 국회의원들의 행동을 분석하니 미소를 띠는 빈도는 보수파와 자유파가 비슷했다. 그런데 보수파는 입꼬리가 올라가도 눈은 웃지 않는 사람이 많고, 대화 내용도 낙관적이고 긍정적인 단어를 별로 사용하지 않았다. 일반인의 인터넷 게시글 분석 결과도 보수파는 긍정적인 단어를 사용하는 경향이 적었다.
결국 의식의 수면 위에서는 보수파가 더 행복하다고 믿지만, 실제 행동에서는 자유파가 더 행복해 보였다.

인간의 마음에는 의식과 무의식이라는 두 가지 세계가 있다. 평소에는 의식 위에 있는 세계를 '의식적'으로 느끼지 않기 때문에 항상 의식 속의 내가 '진정한 나'라고 착각하기 쉽다. 그러나 수면 아래 펼쳐진 무의식의 영향도 무시할 수 없다. 오히려 무의식의 지배력은 압도적이다. "참된 나는 무의식에 존재한다"라고 말해도 지나치지 않다.

생활고에 시달리며 가난에 찌들어 남의 눈에 불행해 보이는데도 정작 본인은 괘념치 않고 "나는 충분히 행복해"라고 말하는 사람이 있다고 가정하자. 그렇다면 이 사람은 정말로 행복할까?

"내가 행복하다면 주위에서 이러쿵저러쿵 참견할 문제가 아니다."

많은 사람이 이와 비슷한 대답을 할 것이다. 다시 말해, 표면적인 '의식'이 행복하다면 참모습인 '무의식'이 행복하든 불행하든 관계없다는 견해다. 이런 사고방식은 극단적일 수 있으나 특정한 측면에 주목한 멋진 해석이다('행복은 빈부로 결정되지 않는다'고 방향 전환해 정면으로 논의를 피하는 방법도 있는데, 일부러 이 대답은 고려하지 않았다).

그런데 캘리포니아대학교 피터 디토(Peter H. Ditto) 교수 연구팀이 2015년 3월 《사이언스》에 발표한 논문을 읽고 과연 이 견해가 타당한지 다시 검토해보았다. 연구팀은 사람들의 성격을 보수파(conservative)와 자유파(liberal)로 나눠 행복도를 설문 조사한 결과 보수파의 만족도가 더 높다는 사실을 발견했다. 또한 보수파는 자신을 채찍질해 동기를 부여하는 경향이 있었다.

그러나 섣불리 결론 내리면 안 된다. 이 결과만으로는 보수파가 자신에게 동기를 부여해 사회적 성공을 쟁취해서 행복하다고 느끼는지, 자신을 합리화해서 내가 행복한 사람이라고 믿을 뿐인지 알 수 없다. 그래서 웃는 횟수를 측정했다.

연구팀은 미국 국회의원들의 행동을 분석했다. 미소를 띠는 빈도는 보수파와 자유파가 비슷했다. 그런데 주의 깊게 해석하니 보수파는 입꼬리가 올라가도 눈은 웃지 않는 사람이 많았다. 쉽게 말해, '가식적인 미소'였다. 대화 내용을 분석한 결과도 흥미로웠는데, 보수파는 낙관적이고 긍정적인 단어를 별로 사용하지 않았다.

물론 의원이 국회 답변에서 보이는 행동이 일반인의 일상적인 경향을 완벽하게 반영한다고 볼 수는 없다. 그래서 연구팀은 일반인의 인터넷 게시글을 대규모로 분석했다. 그러자 마찬가지로 보수파가 긍정적인 단어를 사용하는 경향이 적었다.

결국 의식의 수면 위에서는 보수파가 더 '나는 행복하다'고 믿지만, 실제 행동은 반대로 자유파가 더 행복해 보였다.

여기서 '내가 행복하다면'이라는 논의를 끄집어낼 수도 있지만, 적게 웃고 부정적 발언을 한다면 만족한다고 단정 지을 문제가 아니다. 예를 들어, 의식상으로는 '나는 건강하다'고 생각하지만 실제로는 혈압과 체지방률, 혈당치가 높아 건강하지 않다면 '나는 건강하다'고 믿더라도 방치할 수 없을 것이다.

이 원리는 신체적 건강뿐 아니라 마음의 건강에도 적용된다. 행복을 '당사자의 의식'만으로 정의할 수는 없다.

심리실험 28

뇌과학적 관점에서 "칭찬은 고래도 춤추게 한다"라는 주장이 소름 끼치는 이유는?

프랑스 국립과학연구센터 벤체나네 박사팀의
'뇌를 조작해 취향 바꾸기 실험'

프랑스 국립과학연구센터 카림 벤체나네 박사 연구팀은 뇌를 조작해 '취향'을 바꾸는 데 성공했다. 교육에서도 강화 학습은 적극적으로 이용된다. "칭찬은 고래도 춤추게 한다"라는 말이 전형적인 예다. 칭찬받은 아이들은 그 결과를 가져온 행동의 빈도를 늘린다. 가령 시험에서 좋은 점수를 받기 위해 더 열심히 공부한다. 한 걸음 물러나서 생각하면, 이런 '훈육'이 아이들을 단순히 쾌감을 추구하도록 유도한다고 말할 수도 있다. '칭찬'이라는 행위는 인간미 넘치는 훈훈한 행위로 느껴지는데, 실제로는 '뇌의 보수계 자극으로 인한 습관화'라는 아주 기계적인 뇌의 반사 반응을 일으키는 기제다. 얼마나 소름 끼치는 이야기인가?

프랑스 국립과학연구센터 카림 벤체나네(Karim Benchenane) 박사 연구팀은 2015년 4월 《네이처 신경과학(Nature Neuroscience)》에 발표한 논문에서 뇌를 조작해 '취향'을 바꾸는 데 성공했다고 밝혔다. 연구의 핵심은 '강화 학습'이다. 예를 들어, 맛있는 요리를 먹으면 또 먹고 싶다고 느낀다. 쾌감을 느끼면 그 감각을 갈망하거나 그 쾌감을 다시 얻기 위해 행동에 나선다고 상상하면 강화 학습을 이해하기 쉽다.

우리의 일상 대부분은 강화 학습으로 채워진다. 좋아하는 음악과 영화를 감상하거나, 월급날을 손꼽아 기다리며 일하거나, 경기에서 이기기 위해 매일 연습에 매진한다. 이는 모두 강화 학습의 일종이다.

교육에서도 강화 학습은 적극적으로 이용된다. "칭찬은 고래도 춤추게 한다"라는 말이 전형적인 예다. 칭찬받은 아이들은 그 결과를 가져온 행동의 빈도를 늘린다. 가령 시험에서 좋은 점수를 받기 위해 더 열심히 공부한다.

한 걸음 물러나서 생각하면, 이런 '훈육'이 아이들을 단순히 쾌감을 추구하도록 유도한다고 말할 수도 있다. '칭찬'이라는 행위는 인간미 넘치는 훈훈한 행위로 느껴지는데, 실제로는

'뇌의 보수계 자극으로 인한 습관화'라는 아주 기계적인 뇌의 반사 반응을 일으키는 기제다.

강화 학습은 '쾌감'과의 직접적 인과관계가 없어도 성립한다. 쾌적하기만 하면 그 상황에 따라오는 부수적인 요소에도 호감을 느낀다. 예컨대, 우리는 비 오는 날 만난 사람보다 화창한 날 만난 사람을 높이 평가하는 경향이 있다. 즉, '쾌감'을 느낄 만한 상황이라면 뇌는 그 '쾌감'의 원인이 무엇이든 문제 삼지 않는다. 강화 학습은 아주 무의식적인 과정이다.

네덜란드 라이던대학교 미르테 브롬(Mirte Brom) 교수 연구팀은 2014년에 진행한 연구에서 이 강화 학습의 원리를 극한까지 밀어붙이는 실험을 했다. 신체에서 특히 쾌감을 유발하는 부위는 성기다. 연구팀은 102명의 남녀에게 얼굴 일러스트를 보여주며 성기를 미세 진동기로 자극하는 대담한 실험을 추진했다. 그러자 예상대로 자극을 느끼면서 보았던 얼굴에 후한 점수를 주었다. 특히 여성은 이런 효과가 강해 한동안 호의가 사라져도 그 후 재연하기 쉽다는 사실이 밝혀졌다.

이 실험은 사람의 '선호도'가 외적 자극으로 조작될 수 있음을 증명했다는 점에서 중요하다. 연구팀은 이 강화 학습의 강렬한 효과를 알아보기 위해 쥐를 이용해서 실험했다. 쥐에게 미로를 탐색시키자 이후 자는 동안 그 경로를 상기했다. 해마라는 뇌 부위에는 '공간'에 반응하는 신경세포가 있는데, 이 세포가 수면 중에 재활성화했다.

그래서 벤체나네 연구팀은 특정 공간의 신경세포가 활성화했을 때 뇌 내의 쾌감 신경을 전기로 자극했다. 그러자 다음 날 쥐는 미로 안에서 그 신경세포에 대응한 장소에 오래 머물렀다. 자는 동안 취향이 조작된 것이다.

이 데이터는 우리 기호는 무의식적으로 타인의 뜻대로 조작될 수 있음을 암시한다. 얼마나 소름 끼치는 이야기인가? 하지만 다시 생각해보면 교육과 훈육도 '아이의 경향과 습관을 아이의 의도와 상관없이 부모와 교사가 선호하는 방향으로 조작하는 과정'이니, 쥐 실험에서 했던 일과 실질적으로는 같다.

강화 학습은 뇌의 본질적인 원리라서 단순명쾌한 형태로 나타난다. 그리고 쉽게 조작할 수 있어 우리 일상에 널리 침투한다.

심리실험 29

머릿속 생각이 뇌과학적으로 어떻게 키보드를 통해 화면에 나타날까?

도쿄대 이케가야 교수의
'쓰고자 하는 의지의 정체에 관한 연구'

컴퓨터 자판을 누르면 머릿속에서 의도한 문장이 화면에 줄줄이 이어진다. 마치 머릿속이 자동 변환되는 듯한 착각을 일으킨다. 내가 '쓰려고' 의도한 생각이 어떻게 실체로 나타나는지 신기하다. 애초에 '쓰고자' 하는 의지란 무엇일까? 의지라는 실체 없는 '마음'이 어떻게 '글자'라는 실체로 구현될까?

머릿속의 생각을 따라 키보드 위의 손가락이 움직인다. 손가락의 움직임은 대뇌피질의 운동 영역에서 발생한 신경 지령이 척수를 통해 손가락 골격근에 전달되어 발동한다. 뇌 활동을 분석한 연구 결과, 손가락을 움직여 키보드를 치려고 '의도'하기 전에 뇌는 자판 누를 준비를 시작하는 것으로 알려져 있다. 다만 그 준비 과정이 의식 영역으로는 부상하지 않는다. 즉, 내가 '의도'했을 때 이미 무의식의 뇌는 준비를 갖추고 있다.

오늘날에는 글을 쓸 때 대부분 컴퓨터를 이용한다. 머릿속으로 의도한 문장이 화면에 줄줄이 이어진다. 마치 내 머릿속이 자동 변환되는 듯한 착각을 일으킨다. 내가 '쓰고자 하는' 의지가 어떻게 실체로 나타나는지 신기하다. 의지라는 마음이 어떻게 글자라는 실체로 구현될까?

정신과 물질의 관계를 규명하려고 하면 심오한 깊이를 느낄 수 있다. 너무 심오해서 깊이를 가늠할 수 없다. 마음과 물질은 너무 이질적인 대상이라서 양립하는 관계로 느껴지지 않는다. 조금 더 이해하기 쉽게 살펴보자.

'의문 1: 마음은 물질에 작용하는가?'
'의문 2: 물질은 마음에 작용하는가?'

내가 느낀 불가사의는 의문 1에 해당한다. 사실 이는 '염력은 존재하는가?'라는 의문과도 관련 있다. 나를 포함해 많은 연구자가 염력과 같은 오컬트 세계관에 존재하는 마력은 물리학적으로 존재하지 않는다고 생각한다. 외부에서 힘을 주지 않고 눈앞의 물체를 갑자기 움직인다면 역학의 법칙, 가령 에너지 보존의 법칙에 어긋난다.

 그렇다면 의지는 어떨까? 키보드를 치려고 생각하면 내 손가락이 그대로 움직인다. 손가락의 움직임은 이론의 여지없이 대뇌피질의 운동 영역에서 발생한 신경 지령이 척수를 통해 손가락 골격근에 전달되어 발동한다. 모든 것은 물리·화학의 법칙에 따른 신경 지령이다.

 신경세포를 최초로 활성화한 것은 도대체 무엇일까? 의지라는 마음의 작용을 원인으로 거론하면 '마음이 물질에 영향을 준다'라는 사실을 인정하는 셈이다. 의지라는 보이지 않는 힘이 신경회로의 전류를 발생시키는 이 구도는 '염력이 물체에 작용한다'와 마찬가지다. 의지를 단순하게 상정하면 마음과 뇌의 문제를 경시한 논쟁으로 도피한다.

 신경세포를 활성화할 수 있는 것은 시냅스 회로 상단에 있는 신경세포일 것이다. 실제로, 뇌 활동을 분석한 연구에서 손가락으로 키보드를 치려고 '의도'하기 전에 뇌는 자판 누를 준비를 시작한다고 알려져 있다. 다만 준비 과정이 의식 영역으로는 부상하지 않는다. 즉, 내가 '의도'했을 때 이미 무의식의 뇌는 준비를 갖추고 있다.

 놀랄 일이 아니다. 모든 현상에는 반드시 원인이 존재한다. 내 '의지'도 그 원인이 뇌 속 어딘가에 있을 것이다. 다시 말해, 뇌를 분석하면 의지를 준비하는 뇌 활동이 당연히 존재한다.

심리실험 **30**

뇌는 상상력으로 보충해서 기억에 있는 '이상적인' 이미지를 볼 수 있는 특별한 능력을 가졌다는데?!

유스투스리비히기센대 게겐푸르트너 교수팀의 '바나나 이미지를 이용한 색감 인식 실험'

독일 유스투스리비히기센대학교 카를 게겐푸르트너 교수 연구팀은 바나나 이미지를 이용해 색감 인식 실험을 했다. 컴퓨터 화면에 선명한 바나나 사진이 나오고, 레버로 슬라이더를 좌우로 움직이면 바나나의 '선명도'가 변한다. 왼쪽으로 움직이면 색감이 서서히 사라지다가 마침내 완전 흑백 사진이 되고, 왼쪽으로 더 움직이면 '파란색' 바나나로 변한다. 애플리케이션을 사용해 바나나가 흑백으로 보이는 시점에서 슬라이더를 멈추라고 하자 거의 모든 사람이 희미하게 푸른색 기운이 감도는 시점에서 멈췄다. 그런데 무작위 형상의 노란색 물체를 사용해 같은 실험을 했더니 정확하게 '흑백' 시점에서 슬라이더를 멈췄다. '바나나는 노랗다'라는 사실을 알고 있기에, 흑백 사진이라도 노란색을 띤 상태로 본 것이다.

언젠가 오케스트라 지휘자와 이야기할 기회가 있었다. 조만간 베토벤의 교향곡 〈운명〉 연주 공연을 한다고 해서 미리 몇 가지 공연을 감상했다. 그중에서 빌헬름 푸르트벵글러(Wilhelm Furtwängler)가 지휘봉을 잡은 베를린 필하모닉 오케스트라의 연주를 듣고 충격을 받았다.

 20세기 최고의 지휘자 중 한 사람으로 꼽히는 푸르트벵글러가 세계 최정상 오케스트라와 함께한 연주이니 명품 중의 명품이라 할 만했다. 1947년에 수록된 초기 LP 모노 녹음은 최신 스테레오 음질과 비교하면 실망스러울 정도로 빈약하지만, 열정적인 연주로 휘몰아치는 장대한 〈운명〉은 모노 녹음은 물론 최신 입체 디지털 서라운드와 비교해도 손색이 없는 '총천연색'을 뿜어냈다.

 영화에서도 비슷한 경험을 한 적이 있다. 여러 번 반복해서 본 구로사와 아키라 감독의 〈7인의 사무라이〉, 미조구치 겐지 감독의 〈우게쓰 이야기(雨月物語)〉, 오즈 야스지로 감독의 〈도쿄 이야기(東京物語)〉, 나루세 미키오 감독의 〈부운(浮雲)〉 등 흑백 영화는 '단조로운 색감'이 전혀 느껴지지 않는, 색채감이 풍부한 작품이다. 일본 최초의 장편 컬러 영화인 기노시타 게이

스케 감독의 〈카르멘 고향에 돌아오다(カルメン故郷に帰る)〉도 내가 좋아하는 걸작이다. 개봉 당시, 기존의 영화팬에게 "흑백 영화가 오히려 더 색채감이 넘친다"라는 평가를 받았다.

이처럼 색이 있다고 무조건 색감이 풍부해지는 것은 아니다. 독일의 유스투스리비히기센대학교 카를 게겐푸르트너(Karl R. Gegenfurtner) 교수 연구팀이 2006년에 색감과 관련된 실험을 했다.

컴퓨터 화면에 선명한 바나나 사진이 나오는데, 레버로 슬라이더를 좌우로 움직이면 바나나의 '선명도'가 변화한다. 왼쪽으로 움직이면 색감이 서서히 사라지며 마침내 완전한 흑백 사진이 된다. 그리고 왼쪽으로 더 움직이면 마치 네거티브 사진을 보듯 '파란색' 바나나로 변한다.

이렇게 자유자재로 바나나의 색을 변화시킬 수 있는 애플리케이션을 사용해 많은 사람을 대상으로 바나나가 흑백으로 보이는 시점에서 슬라이더를 멈추는 실험을 진행했다. 그러자 거의 모든 사람이 딱 떨어지게 흑백이 되는 시점이 아니라 희미하게 푸른색 기운이 감도는 시점에서 슬라이더를 멈췄다.

연구팀은 바나나가 아니라 무작위 형상의 노란색 물체를 사용해 같은 실험을 반복했다. 그러자 이번에는 정확하게 '흑백' 시점에서 슬라이더를 멈췄다. 즉, 누구나 '바나나는 노랗다'라는 사실을 경험을 통해 알고 있기에, 설령 흑백 사진이라도 실

제 바나나를 보듯 노란색을 띤 상태로 본다.

상상력으로 보충해서 기억에 있는 '이상적인' 이미지를 볼 수 있는 뇌의 특이한 능력은 스테레오 녹음보다 모노 녹음을, 컬러 영화보다 흑백 영화를 즐기는 능력을 우리에게 선사했다. 어쩌면 원작 소설을 읽고 간직한 이미지가 종종 시청각 영상화로 와르르 무너지며 실망하는 감정도, 우리의 이상화 능력이 필연적으로 일으키는 '운명'이라고 받아들여야 할지 모른다.

심리실험 31

어린 시절 독서를 열심히 하면 두뇌 계발에 도움이 된다고?

프랑스 국립보건의학연구소 페가도 박사팀의
'독서 뇌 반응 효과 연구'

프랑스 국립보건의학연구소 필리프 페가도 박사 연구팀은 어린 시절부터 독서를 통한 글자 인식 훈련을 얼마나 했느냐가 뇌 회로에 큰 차이를 일으킨다는 점을 밝혀냈다. 연구팀은 글자를 보았을 때의 뇌파를 측정해 글자 읽기가 능숙한 사람일수록 글자에 대한 뇌 응답이 강하고 반응 정확도도 높다는 사실을 알아냈다.
한편, 어린 시절 글자에 노출될 기회가 적어 읽고 쓰기를 제대로 배우지 못한 사람의 뇌에서는 최소한의 반응밖에 관찰할 수 없었다. 성인이 된 후 글을 배워 문맹에서 탈출해도 뇌 반응이 거의 개선되지 않았다.
어린 시절 독서를 권장하는 이유를 알 수 있다. 글자 인식이 능숙한 사람은 글자뿐 아니라 얼굴과 일상 도구, 건축물에 대한 시각 반응 정확도도 높고, 자신이 본 대상이 좌우 대칭인지 아닌지 판별하는 테스트 성적도 우수했다.

"독서가 중요하다"라는 말을 귀가 따갑도록 듣는다. 이 주장은 사실일까? 어린 시절 책 좀 읽으라는 잔소리를 귀에 못이 박히도록 듣고 자라 독서가 중요하다고 맹신하는 사람이 많을 것이다. 나도 마찬가지다.

중국에는 "책을 읽지 않으면 어리석은 사람이 된다"라는 옛말이 전해진다. 고대 로마의 철학자 키케로도 "책이 없는 방은 영혼이 없는 육체와 같다"라고 말했다. 그러나 지금은 책을 읽지 않고도 텔레비전이나 강연회, 인터넷으로 얼마든지 지식을 습득할 수 있다. 오히려 독서보다 효율적이다.

옛날 사람들도 이런 점에 관해 알고 있었다. 철학자 쇼펜하우어는 독서란 "자기 생각을 남에게 대신 떠맡기는 것"이라며 독서의 가치를 평가 절하하기도 했다. 영국의 정치인 에드먼드 버크(Edmund Burke)는 "사색하지 않고 독서만 하면 먹기만 하고 소화하지 않는 것과 같다"라고 일침을 가했다. 작가 윌리엄 서머싯 몸(William Somerset Maugham)도 "책을 읽는다고 사람이 현명해지지는 않는다"라고 단언했다. 결국, 독서 자체가 아니라 독서로 얻은 지식을 어떻게 활용하느냐가 중요하다는 말이다.

그러나 최근 뇌과학은 전혀 다른 관점에서 독서의 중요성을 시사한다. 글자를 읽는 도중의 뇌를 검사하면, VWFA가 활동한다는 사실이 밝혀졌기 때문이다. VWFA는 왼쪽 두정엽과 왼쪽 측두엽 사이에 자리 잡은 자그마한 뇌 영역이다. 우리 뇌에는 글자를 처리하는 전문 회로가 갖춰져 있다.

평소에는 의식하지 않지만, 글자 인식은 경이로운 과정을 거쳐 이루어지는 뇌 활동이다. 1초 동안 평균 10글자를 읽는 빠른 속도로 비슷한 형태의 글자 'ㄱ', 'ㅋ', 'ㄲ'의 차이를 구분한다. 또 '앉'과 '않'처럼 복잡한 이중 받침이 들어간 단어도 순식간에 식별하고, 글자를 읽을 수 있다. 곰곰이 따져보면 엄청나게 소화하기 어려운 임무다.

이런 식자 훈련을 어린 시절부터 했느냐 하지 않았느냐가 뇌 회로에 큰 차이를 일으킨다. 프랑스 국립보건의학연구소의 필리프 페가도(Felipe Pegado) 박사 연구팀이 2014년 11월 《미국 국립과학원 회보》에 발표한 데이터를 보면 알 수 있다.

연구팀은 글자를 보았을 때의 뇌파를 측정해 글자 읽기가 능숙한 사람일수록 글자에 대한 뇌 응답이 강하고 반응 정확도도 높다는 사실을 알아냈다. 이 조사에서는 어린 시절에 읽고 쓰기를 배울 기회가 없어 글자를 거의 읽지 못하는 사람의 뇌도 측정했다. 어려서 글자에 노출될 기회가 적었던 사람의 뇌에서는 최소한의 반응밖에 관찰할 수 없었다. 성인이 된 후

글을 배워 문맹에서 탈출해도 뇌 반응이 거의 개선되지 않았다. 어린 시절 독서를 권장하는 이유를 이 실험을 통해 알 수 있다.

연구팀은 더욱 중요한 발견도 했다. 글자 인식이 능숙한 사람은 글자뿐 아니라 얼굴과 일상 도구와 건축물 시각 반응 정확도도 높았다. 그리고 자신이 본 대상이 좌우 대칭인지 아닌지 판별하는 테스트 성적도 우수했다.

글자에는 형상이 비슷한 조합뿐 아니라 '木'과 '文'처럼 좌우 대칭인 글자와 '아'와 '야'처럼 점 하나 차이로 의미가 달라지는 조합도 있다. 이처럼 미묘한 차이를 깨닫는 능력은 무의식적으로 글자 이외 광범위한 대상 전반에 범용화된다. 글자를 읽는 능력은 '독서'라는 틀을 넘어 풍부한 시각 경험의 양식이 된다.

심리실험 32

'현실'과 '꿈', '환각'의 차이는 무엇일까?

교토대 가미타니 교수팀의 '수면 중 뇌 활동을 통해 꿈 알아맞히기 실험'

일본 교토대학교 가미타니 유키야스 교수 연구팀은 자는 사람의 뇌 활동을 통해 어떤 꿈을 꾸는지 알아맞히는 실험에 성공했다. 연구팀은 깨어 있을 때 다양한 영상을 보여주고 뇌가 어떻게 반응하는지 총체적으로 분석했다. 가령, '자동차'를 볼 때 어떤 식으로 활동하는지 등을 조사해서 모은 데이터를 활용해 꿈에서 '자동차'를 보았는지 알아맞힐 수 있었다. 실제로 자동차를 볼 때도 자동차 영상을 상상할 때와 비슷한 뇌 활동을 보였기 때문이다. 낮에 시각 입력으로 생겨난 뇌 활동이 '현실'이고, 밤에 자는 동안 뇌 내부에서 발생한 뇌 활동이 '꿈'이다.

이 가설을 조금 더 발전시켜, 수면 중에 발생하는 것이 '꿈'이라면 낮에 각성 중일 때 뇌 내부에서 저절로 발생하는 것은 무엇일까? 눈앞에 자동차가 없는데 자동차가 보이는 것은 '꿈'이 아니라 '환각'이라고 한다.

우리는 어떻게 꿈이라는 걸 알까?

　설령 불합리하더라도, 황당한 내용이라도 꿈을 꾸는 동안에는 의문이 끼어들 여지가 없을 정도로 현실감 넘치게 마음을 점령한다. 따라서 꿈이라고 자각할 수 없다. '꿈이었다'고 깨닫는 것은 대개 잠에서 깨어난 후다.

　어떻게 현실이 아님을 깨달을까? 사람은 두 살이 되기 전에 잠꼬대를 하기 시작한다. 아마 꿈을 꾸는 모양이다. 그렇다면 유아는 꿈과 현실을 구별할까?

　당나라 시인 이백(李白)은 이렇게 읊조렸다.

　"뜬 세상이 마치 꿈만 같구나(浮生若夢)."

　어른은 꿈과 현실을 올바로 구별할까? 밤에 꾸는 꿈이 현실이고 현실이라고 믿는 이 세계가 가상일 가능성은 없을까? 기발한 발상이라고 느껴질 수도 있지만, 사실 이 가능성을 엄밀하게 부정하기는 상당히 어렵다.

　뇌에서는 꿈을 어떻게 인식하는지 살펴보자. 일본 교토대학교 가미타니 유키야스(神谷之康) 교수 연구팀은 2013년 자는 사람의 뇌 활동을 통해 어떤 꿈을 꾸는지 알아맞히는 실험에 성공했다. 이 실험에서는 구체적인 실험 방법이 중요하다.

연구팀은 우선 깨어 있을 때 다양한 영상을 보여주고 뇌가 어떻게 반응하는지 총체적으로 분석했다. 가령, '자동차'를 볼 때 어떤 식으로 활동하는지 등을 조사해서 모은 데이터를 활용해 꿈에서 '자동차'를 보았는지 알아맞힐 수 있었다. 실제로 자동차를 볼 때도 자동차 영상을 상상할 때와 비슷한 뇌 활동을 보였기 때문이다. 이 실험 결과가 의미하는 바는 중요하다. 낮에 시각 입력으로 생겨난 뇌 활동이 '현실'이고, 밤에 자는 동안 뇌 내부에서 발생한 뇌 활동이 '꿈'이다.

이 가설을 조금 더 발전시켜보자. 수면 중에 발생하는 것이 '꿈'이라면 낮에 각성 중일 때 뇌 내부에서 저절로 발생하는 것은 무엇일까? 눈앞에 자동차가 없는데 자동차가 보이는 것은 '꿈'이 아니라 '환각'이라고 부른다.

환각이 빈발하면 일상생활에 지장이 생긴다. 환각과 환청은 조현병의 증상 중 하나다. 존재하지 않는 목소리가 들리고, 우주인과 교신하거나 전자파가 뇌를 교란한다는 등의 음모론을 주장하며 때로는 지나가는 엉뚱한 사람에게 욕설을 퍼붓기도 한다.

조현병 발병률은 인구의 1퍼센트가량이다. 다만 일란성 쌍둥이는 한 명에게서 조현병이 발병하면 나머지 한 명도 발병할 확률이 50퍼센트로 올라간다. 다시 말해, 유전자의 영향이 있다. 실제로 이미 조현병 위험 유전자가 몇 가지 발견되기도

했다. 다만 주의해야 할 부분도 있다. 이들 유전자는 어디까지나 '위험' 인자일 뿐이어서 유전자를 가지고 있어도 발병하는 사람은 그리 많지 않다.

아이슬란드대학교 로버트 파워(Robert A. Power) 교수 연구팀은 2015년 8월 《네이처 신경과학》에 발표한 논문에서 위험 유전자를 가지고 있어도 발병하지 않은 건강한 사람의 특징을 조사해 보고했다. 연구팀의 데이터에 따르면, 위험 인자 보유자들은 독창적이고 창조성이 뛰어나며 아이디어가 풍부한 경향이 있다. 실제로 음악가와 화가, 작가, 배우, 무용가 등 발상력이 필요한 직종에 종사하는 사람 중에 위험 인자 보유자가 많다는 사실이 판명되었다. 번뜩이는 아이디어나 영감은 뇌의 내부에서 저절로 솟아나는 뇌 활동이라서 '꿈' 혹은 유익한 '환각'에 해당한다.

꿈인가, 현실인가? 질병인가, 정상인가? 이렇게 서로 대척점에 있는 현상은 뿌리를 따라 거슬러 올라가면 하나로 이어져 있는 모양이다.

CHAPTER
4

'부모에게 학대받은 아이가 부모를 더 사랑한다'는 뇌과학의 역설

심리실험 33

아이를 좋아하지 않던 여성도 자식에게 사랑을 쏟게 하는 옥시토신의 놀라운 비밀은?

바일란대 아브라함 교수팀의
'육아와 옥시토신 분비량 관계 연구'

'애정 호르몬'이라고도 불리는 옥시토신은 원래 자궁 수축과 모유 분비 등 출산과 육아를 촉진하는 호르몬이다. 출산을 경험하면 아이를 좋아하지 않던 여성도 자식에게 아낌없는 사랑을 쏟는다. 출산 당시 대량 분비되는 옥시토신이 방아쇠를 당겨 뇌에서 발생하는 생물학적 변화다. 옥시토신은 남성의 뇌에서도 작용해 육아를 촉진한다. 그 결과 육아에 참여할수록 점점 더 육아를 좋아하게 된다.

이스라엘 바일란대학교 에얄 아브라함 교수 연구팀은 아버지가 육아에 자주 참여하면 어머니와 같은 수준의 옥시토신이 분비된다는 사실을 밝혀냈다. 옥시토신은 원시 시대부터 생식 관련 호르몬으로 '종의 보존'에 관여했고, 마침내 사람과 개에 이르러 타인과 '유대관계'라는 새로운 측면에서 '종의 보존'에 이바지하도록 진화했다.

옥시토신은 어머니가 아기를 돌볼 때 분비되는 물질이다. 그래서 '애정(사랑) 호르몬'이라고도 부른다. 옥시토신은 원래 자궁 수축과 모유 분비 등 출산과 육아를 촉진하는 호르몬이다.

출산을 경험하면 설령 아이를 좋아하지 않던 여성도 자식에게 아낌없는 사랑을 쏟는다. 이는 출산 당시 대량 분비되는 옥시토신이 방아쇠를 당겨 뇌에서 발생하는 생물학적 변화다.

남성의 뇌에서도 옥시토신은 육아를 촉진한다. 물론 남성은 출산과 수유를 통해 옥시토신 세례를 받지 않지만, 육아 과정에서 옥시토신이 분비되어 육아에 참여할수록 육아를 좋아하게 된다.

이스라엘 바일란대학교 에얄 아브라함(Eyal Abraham) 교수 연구팀이 발표한 논문에 따르면, 육아에 자주 참여하는 아버지는 어머니와 같은 수준의 옥시토신이 분비된다. 옥시토신은 일상 상황에서도 작용한다. 옥시토신을 코에 분무하면 비강 점막으로 흡수된 옥시토신이 뇌에 도달해 작용 기전을 분석할 수 있다.

재미있게도, 옥시토신을 코에 분무하면 무조건 상대방을 신뢰한다. 아무리 불리한 조건에서도 싹싹하게 상대방의 제안을 받아들인다. 본래 아이에게 쏟아지는 '무상'의 사랑이 타인에게 향하는 셈이다.

그런데 사람은 남성도 육아에 참여하는, 포유류에서 매우 드문 생물이다. 그리고 사람의 육아에는 독특한 특성이 있다. '시선'을 사용한다는 점이다. 부모와 자식은 서로 바라보고 시선을 주고받으며 애정을 교환한다. 눈이 마주치면 미소를 짓는다. 서로 바라보고 웃기만 해도 옥시토신이 분비된다. 따스한 눈빛을 받고 자라난 아이는 무슨 일이 있을 때마다 '저 좀 봐주세요'라며 부모의 시선을 강요한다.

일반적으로 생물계에서 시선은 적대시한다는 신호다. 상대방을 물끄러미 바라보는 것은 사냥감에 눈독을 들이고 있다는 의미다. 애초에 쥐와 토끼 등 많은 포유류는 양안시(兩眼視)가 아니라서 눈이 마주친다는 감각조차 없다. 그런 의미에서 사람은 예외적 존재다. 양안시란 동물의 두 안구가 하나의 주변 3차원 상을 감지하기 위해 같은 방향을 향할 수 있는 시각의 한 유형을 말한다.

사람 외에도 아이 콘택트를 사용하는 생물이 있다. 바로 인간의 오랜 친구인 개다. 개는 보호자의 눈을 물끄러미 바라본다. 사람과 개가 접촉하면 둘 모두에서 옥시토신이 분비된다. 2015년 4월 《사이언스》에 발표된 일본 아자부대학교 기쿠스이 다케후미(菊水健史) 교수 연구팀의 데이터에 따르면, 보호

자에게 자주 시선을 보내는 개일수록 옥시토신을 많이 분비한다. 흥미롭게도 개의 코에 옥시토신을 분무하면, 사람의 옥시토신이 증가해 개에게 강한 애정을 느낀다. 참고로, 늑대는 사육사와 우호적 관계를 구축해도 옥시토신이 증가하지 않는다. 물론 늑대도 옥시토신을 가지고 있다. 육아에 필수적인 호르몬이기 때문이다. 다만 이종 간 교류에는 옥시토신을 활용하지 않는다. 그래서 사람과의 사이에서는 강력한 유대관계가 형성되지 않는다.

옥시토신은 포유류뿐 아니라 무척추동물에게서도 그 원형을 찾을 수 있다. 거머리는 산란에, 고둥은 사정에 관여한다. 옥시토신은 원시 시대부터 생식 관련 호르몬으로 '종의 보존'에 관여했고, 마침내 사람과 개에 이르러 타인과 '유대관계'라는 새로운 측면에서 '종의 보존'에 이바지하도록 진화했다.

심리실험 **34**

도덕적인 부모 아래에서 도덕적인 아이가 태어나고 자랄 수밖에 없는 뇌과학적 근거는?

시카고대 드세티 교수팀의 '유아 도덕적 행동 실험'

미국 시카고대학교 장 드세티 교수 연구팀은 첫돌 정도 아이들에게 장난감 두 개를 가지고 놀게 한 뒤 "하나만 빌려줄래?"라고 부탁하며 손을 내밀었을 때 한 개를 건네준 아이가 69퍼센트였고, 그 가운데 세 명 중 두 명은 자기가 좋아하는 장난감을 건네주었다고 밝혔다. 애니메이션을 보여주었을 때 뇌 활동을 측정했더니 캐릭터의 행동이 도덕적이냐 비도덕적이냐에 따라 뇌 반응이 달라졌다. 유아의 도덕적인 행동은 단순한 반사적 행동이 아니라 의미를 제대로 이해하고 발현된 행동이었다. 실제로 뇌 반응이 예민한 유아일수록 도덕적 행동을 더 많이 보였다.
뇌 반응의 민감성은 월령보다 부모의 도덕관과 밀접한 관련이 있다는 사실도 밝혀졌다. '아이는 부모의 거울'이라는 말이 증명된 셈이다.

교차로 횡단보도 앞에서 초록불 신호를 기다리고 있는데, 나중에 온 사람이 신호를 무시하고 건너기 시작한다. 몹시 급한 일이라도 있는지 좌우도 살피지 않고 서두른다. 다행히 자동차가 오가지 않아 사고는 일어나지 않았다.

그때 아이와 함께 있던 한 여성이 말한다.

"저렇게 빨간불 신호일 때 건너면 안 돼."

내 아이가 교육상 바람직하지 않은 장면을 보자 바로 그렇게 행동하지 말라고 가르친 것이다. 이 어머니의 행동은 '도덕은 주위에서 배운다'라는 자세가 암묵적 전제로 깔려 있다. 즉, '도덕관은 경험을 통해 형성된다. 그러므로 교육이 중요하다'라는 신념에 바탕을 둔 발언이다. 말하자면, 도덕의 후천적 기원이다.

반면 '성선설 vs. 성악설'도 종종 화제에 오른다. 태어나면서부터 사람의 본성은 정해져 있다는 사고방식에서 비롯된 관점이다. 이런 사고방식이 옛날부터 뿌리 깊게 존재했다는 사실로 알 수 있듯, 도덕에는 선천적 기원과 후천적 기원이라는 두 가지 뿌리가 공존한다.

선악의 감각은 인생의 어느 시점에 싹트기 시작할까? 놀랍게도 생후 3개월이면 싹틀 조짐을 보인다. 언어를 획득하기 전이라서 도덕이 말로 형성되지 않는다는 사실은 알려져 있다. 그런데 말은커녕 동작도 제대로 못 하는 젖먹이가 어떻게 도덕을 알까? 아기는 '시선'을 활용해 호불호를 알 수 있다. 예를 들어, 젖먹이 아기에게 캐릭터가 움직이는 애니메이션 영화를 보여주면 동료를 도와주는 착한 캐릭터에 더욱 시선을 준다. 6개월 정도 지나면 좋아하는 캐릭터에 손을 뻗는 등 도덕 관념이 더욱 확실해진다.

첫돌 정도 되면 사회적 행동을 통해 도덕을 직접 관찰할 수 있다. 가령 두 개의 장난감을 가지고 놀게 한 뒤 "하나만 빌려줄래?"라고 부탁하며 손을 내밀어 반응을 확인한다. 미국 시카고대학교 장 드세티(Jean Decety) 교수 연구팀이 2015년 9월 《미국 국립과학원 회보》에 발표한 데이터에 따르면, 두 개의 장난감 중 한 개를 야무지게 건네준 한 살 아이는 69퍼센트, 그 가운데 세 명 중 두 명은 자기가 좋아하는 장난감을 건네주었다.

연구팀은 애니메이션을 보여주었을 때 뇌 활동도 측정했다. 그러자 모니터 안 캐릭터의 행동이 도덕적이냐 비도덕적이냐에 따라 뇌 반응이 달라졌다. 즉, 도덕적으로 보이는 아이의 행동은 단순한 반사적 행동이 아니라 의미를 제대로 이해하고 뇌 내 호르몬에 바탕을 두고 발현된 행동이었다. 실제로 뇌 반

응이 예민한 아이일수록 도덕적 행동을 더 많이 보인다는 사실도 밝혀졌다.

연구팀은 뇌 반응의 개인차에 관해서도 정밀한 조사를 벌여 중요한 관련성을 발견했다. 조사 대상 아기는 12~24개월로 개월 수 폭이 넓었는데, 뇌 반응의 민감성은 월령보다 부모의 도덕관과 밀접한 관련이 있다는 사실이 밝혀졌다. 부모의 교육이 결정적 요소였다. '아이는 부모의 거울'이라는 말이 증명된 셈이다.

물론 아이가 부모의 도덕관만 참조하는 것은 아니다. 아이는 거리를 오가는 사람들의 행동을 참고하면서 내적 가치관을 형성한다. 다시 말해, 어른이 빨간불 신호에 건너지 않고, 쓰레기를 함부로 버리지 않는 등 공공 예절을 지키는 모습은 현재 사회의 건전성뿐 아니라 그 모습을 보고 자라는 아이들의 미래 도덕 사회에도 이바지한다.

심리실험 35

개인 간 의욕 차이의 43퍼센트는 '유전'에 달려 있다는데?!

톰스크주립대 코바스 교수팀의 '의욕과 유전 관계 실험'

심리학자 데이비드 매클렐런드 박사는 부모가 지나치게 간섭하면 아이의 의욕이 사라진다고 지적했다. 그런데 러시아 톰스크주립대학교 율리아 코바스 교수 연구팀은 유전이 의욕을 결정한다는 사실을 밝혀냈다. 코바스 교수 연구팀은 6개국에서 쌍둥이 1만 3,000쌍을 모집해 같은 반, 다른 반, 같은 교사, 다른 교사 등 다양한 요인을 정밀하게 조사한 뒤 유전과 환경의 기여를 계산한 결과, 개인 간 의욕 차이의 43퍼센트는 유전으로 설명된다고 밝혔다.
부모가 열성적이고 끈기 있게 교육하면 아이의 의욕도 높아진다. 즉, '의욕적인 부모가 달성 동기가 높은 자녀로 키운다'.

러시아 톰스크주립대학교 율리아 코바스(Yulia Kovas) 교수 연구팀은 2015년 학술지 《성격과 개인차(Personality and Individual Differences)》에서 "유전이 의욕을 결정한다"라고 발표했다. 의욕을 전문적으로는 '동기'라고 부른다.

심리학자 데이비드 매클렐런드(David McClelland)는 네 가지 동기가 존재한다고 지적한다.

① 달성 동기
목표를 달성하고자 하는 욕구. 이 유형은 타인의 손을 빌리지 않고 스스로 하는 것을 선호하며 신속한 피드백을 추구한다.

② 회피 동기
실패와 역경을 피하려는 욕구. 이 유형은 달성할 수 없으면 낙담을 피할 요량으로 때로는 목표 설정 자체를 회피한다.

③ 친화 동기
양호한 대인관계를 맺고자 하는 욕구. 이 유형은 타인에게

좋은 평가를 받고 싶어 하고 호감을 얻으려 한다.

④ 권력 동기
타인에게 영향력을 행사해 제어하고자 하는 욕구. 이 유형은 책임 있는 일에 적극적으로 임하고, 경쟁심이 강하며, 지위와 신분을 중시한다.

아래 그림에서 소년은 난감한 표정을 짓고 있다. 소년이 무슨 생각을 하고 있는지 상상해보자. 어떻게 상상하느냐에 따라 동기 유형을 추측할 수 있다. '문제를 풀 수 없어 답답해한다'라고 해석하는 사람은 달성 동기를 중시하는 유형이다. '입시에 실패하면 어떡하지?', '학년이 올라갈수록 수업이 더 어

소년은
무슨 생각을
하고 있을까?

려워질 텐데' 등으로 해석하면 회피 동기 유형, '어머니한테 꾸지람을 들으면 어쩌지?'라고 생각하면 친화 동기 유형, '경쟁자에게 지면 분할 텐데'라고 생각한 사람은 권력 동기가 강한 유형이다.

네 가지 동기 중에서 달성 동기는 학습에 특히 중요하다. 다른 사람에게 칭찬받지 않아도 스스로 목표를 향해 노력하는 자세로 공부해 학습을 즐거워하고 공부에 재능이 있다고 느낀다는 점이 기반이 된다.

달성 동기를 향상하려면 '교육'이 중요하다. 부모와 교사의 교육을 통해 의욕이 향상되기 때문이다. 매클렐런드 박사는 부모가 지나치게 간섭하면 아이의 의욕이 사라진다고 지적한다. 일반적으로 부모가 열의를 가지고 끈기 있게 교육하면 아이의 의욕이 높아진다. 따라서 달성 동기가 높은 부모는 달성 동기가 높은 자녀로 키운다고 할 수 있다. 이 사실을 바탕으로, '교육이 중요하다'는 결론을 이끌어낼 수 있다.

그러나 이 결론에는 결점이 있다. 부모의 달성 동기는 왜 높을까? 어쩌면 달성 동기 정도는 유전으로 정해지지 않을까? 율리아 코바스 교수 연구팀은 부모의 의욕이 자녀에게 유전적으로 연쇄 작용을 일으킬 가능성을 검토하는 실험을 했다.

연구팀은 6개국에서 쌍둥이 1만 3,000쌍을 모집해 같은 반, 다른 반, 같은 교사, 다른 교사 등 다양한 요인을 정밀하게 조사한 뒤 유전과 환경의 기여를 계산했다. 그 결과, 개인 간 의욕 차이의 43퍼센트는 유전으로 설명할 수 있음이 밝혀졌다. 유전적 요인이 매우 높아 노력만으로는 만회할 수 없음이 확실하다.

그렇다면 이 데이터를 어떻게 해석해야 할까? '무려 43퍼센트'라고 낙담할지, '고작 43퍼센트'라고 의욕적으로 받아들일지는 마음가짐에 달려 있다.

심리실험 **36**

'부모에게 학대받은 아이가 부모를 더 사랑한다'는 소름 끼치는 뇌과학의 역설은?

뉴욕대 설리번 교수팀의 '쥐를 이용한 공포 조건화 실험'

미국 뉴욕대학교 레지나 설리번 교수 연구팀은 젖먹이 새끼 쥐에게 공포 조건화 실험을 했다. '공포 조건화'란 불편한 경험을 꺼리는 학습을 말한다. 그런데 학대당하면 도리어 양육자를 좋아한다는 소름 끼치는 사실이 밝혀졌다. 이는 사람을 포함한 포유류 전반에 설치된 자동 프로그램이다.

미취학 아동은 양육자를 절대적으로 신뢰한다. 학대당해도 어지간해선 부모를 싫어하지 않는다. 심지어 학대한 부모에게 애정을 드러내는 아이도 드물지 않다. 이런 현상은 동물의 진화 과정에서 발달한 본능이다. 포유류 새끼는 무력해서 양육자 없이는 생존할 수 없다. 그래서 부모에게 사랑받기 위해 다양한 전략을 짜낸다. 이와 같은 원리가 학대 부모에게도 적용되어 새끼는 방임 기미를 느끼면 버려지지 않으려고 양육자에게 적극적으로 애착을 보인다.

교무실에서 선생님한테 눈물 쏙 빠지게 꾸지람을 들으면 교무실에 가는 것 자체가 싫어진다. 카레를 먹고 배탈 나서 고생하면 그다음에는 카레 냄새만 맡아도 속이 울렁거린다. 이처럼 불편한 경험을 꺼리는 학습을 '공포 조건화(fear conditioning)'라고 부른다.

공포 조건화는 포유류뿐 아니라 물고기와 벌레에 이르기까지 폭넓은 범위의 생물에게서 관찰된다. 생명을 위협할 가능성이 있는 위기 신호를 피하는 행동은 혹독한 자연에서 살아남기 위한 중요한 행동 원리다. 종을 초월한 보편적 행동 양식으로 보는 것이 당연하다.

이런 기피 현상은 언제부터 생길까? 미국 뉴욕대학교 레지나 설리번(Regina M. Sullivan) 교수 연구팀은 젖먹이 새끼 쥐에게 공포 조건화 실험을 진행한 결과를 2015년 1월《미국 국립과학원 회보》에 발표했다. 연구팀은 새끼 쥐에게 생후 2주 동안 페퍼민트향을 맡게 했다. 쥐에게 페퍼민트는 중립적 향기여서 좋아하지도 싫어하지도 않는다. 그런데 새끼 쥐에게 페퍼민트 냄새를 맡게 하고 전기충격을 주었더니 충격적인 결과가 나타났다. 성체 쥐는 다시는 페퍼민트에 다가가지 않았지만, 새끼 쥐는 다가갔다. 동시에 어미 쥐에게 어리광을 부리는 경향도 강해졌다.

뜻밖의 결과 같지만, 사실 이 현상에는 심오한 진리가 숨어 있다. 새끼 쥐는 어미 쥐의 품에 안겨 안전한 환경에서 자라기에 고생이나 고통을 모른다. 만약 쓰라린 경험을 한다면 당연히 어미 쥐가 준 고통이다. 학대에 해당한다. 연구팀의 실험 결과는 학대당하면 도리어 양육자를 좋아한다는 소름 끼치는 사실을 증명했다.

이 현상은 사람을 포함한 포유류 전반에 설치된 자동 프로그램으로, '트라우마 본딩(trauma bonding)'이라고 부른다. 예를 들어, 미취학 아동은 양육자를 절대적으로 신뢰한다. 부모에게 무조건 호의를 가진다. 설령 학대당해도 어지간해선 부모를 싫어하지 않는다. 심지어 학대한 부모에게 애정을 드러내는 아이도 드물지 않다. 이 효과는 너무나 강렬해 학대당한 아이는 어른이 되어서도 학대자의 특징(체취 등)에 호감을 느낀다.

왜 이런 현상이 발생할까? 유소년기에 누리지 못한 부모의 사랑을 갈망해서일까? 여기에는 조금 복잡한 심리가 작용한다. 자신이 가지지 못한 것을 동경하며 부족한 것을 채우려는 심리가 아니다. 이런 심리는 동물의 진화 과정에서 발달한 본능이다.

포유류 새끼는 무력한 존재다. 양육자 없이는 생존할 수 없다. 부모에게 미운털이 박히면 목숨을 부지할 수 없다. 그래서 부모에게 사랑받기 위해 다양한 전략을 짜낸다. 새끼 동물이 사랑스러운 모습을 보이는 것은 부모의 흥미를 끌기 위한 전략 중 하나다.

이와 같은 원리가 학대 부모에게도 적용된다. 새끼가 방임 기미를 느끼면 버려지지 않으려고 양육자에게 적극적인 애착을 보이는 전략이다. 이 자동 프로그램이 사람의 뇌에 남아 있다는 사실은 이 생존 전략이 확실히 자연도태에서 효과를 발휘했다는 증거다.

학대하는 부모는 자기 잘못을 깨닫기 어렵다. 이는 아기가 학대 부모를 밀어내기는커녕, 점점 더 강한 애착을 보이는 현상과도 어느 정도 연관이 있다. 학대당하며 자란 아이는 우울증에 걸릴 확률이 높아지는 등 아동기 학대는 심각한 후유증을 남긴다. 생명이 위태로운 최악의 사태를 피한다 해도 학대는 혹독한 대가를 치른다.

심리실험 **37**

바람둥이 수컷 프레리들쥐가 오히려 짝을 빼앗길 위험성도 높은 이유는?

텍사스대 오코밧 교수팀의 '수컷 프레리들쥐 바람둥이 기질 분석'

일부일처제는 긴팔원숭이나 프레리들쥐, 자칼, 미어캣 등 한정된 포유류에게서만 관찰된다. 뇌 내 바소프레신 수용체 1a(V1arR) 작용이 약화되면 일부다처가 되고, 이것이 강화되면 일부일처가 된다.

미국 텍사스대학교 마리암 오코밧 교수 연구팀은 프레리들쥐의 행동을 관찰해 수컷의 25퍼센트가 바람둥이라는 사실을 발견했다. 외도를 즐기는 바람둥이 수컷의 뇌를 분석했더니 바소프레신 수용체의 양이 순애파보다 적었다. 바소프레신 수용체는 공간 기억에도 관여해, 이것이 적으면 기억 능력이 저하되어 경계를 넘어 다른 수컷의 영역을 침입한다.

결과적으로, 바람둥이 기질이 있는 수컷은 행동 범위가 넓어지고, 다른 암컷과 만날 기회가 늘어나 외도로 발전한다. 하지만 자기 보금자리를 비우는 시간이 길어져 짝을 빼앗길 위험성 또한 높아진다.

일부일처제를 유지하는 포유류는 많지 않다. 긴팔원숭이나 프레리들쥐, 자칼, 미어캣 등 아주 한정된 포유류에게서만 일부일처제가 관찰된다. 같은 들쥐라도 프레리들쥐는 일부일처인데, 근연종인 산악들쥐는 일부다처다. 둘의 차이는 이미 규명되었다. 뇌 내의 바소프레신 수용체 1a(V1aR) 작용이 약화되면 일부다처가 되고, 이것이 강화되면 일부일처가 된다. 즉, 바소프레신 수용체 1a의 양이 관건이다.

바소프레신 수용체 1a의 양은 유전자 상류에 있는 발현 제어 영역 DNA 배열로 결정된다. 제어 영역은 진화 과정에서 변이가 일어나기 쉽다. 다시 말해, 일부다처제가 대원칙인 포유류에서 일부일처제 종이 탄생한 현상은 진화론에서 확률적으로 그리 어려운 일이 아니다. 제어 영역을 살짝만 건드려도 변환하기 때문이다.

사람은 바소프레신 수용체 1a 발현 제어 영역에 개인차가 있다. 요컨대 어느 유형의 제어 영역을 가졌느냐에 따라 이것의 양이 달라지고, 양이 다르면 미혼율과 이혼율의 격차가 2배 이상 벌어진다.

동물계를 살펴보면 일반적으로 성장 속도가 느린 새끼를 키

우는 종일수록 일부일처제를 채택하는 경향이 있다. 새끼의 성장이 느리면 수컷은 난혼으로 자기 유전자를 퍼뜨리기보다 특정 암컷과 새끼에게 헌신해 외부의 적으로부터 보호하고, 먹이를 공급해 자기 유전자를 보존하는 편이 자손 번영 전략으로 효과적이기 때문이다.

또 먹이를 얻으려고 넓은 범위를 돌아다녀야 하는 경우와 개체 수가 적어 암수가 만날 기회가 적은 종도 일부일처제가 기본이다.

미국 텍사스대학교 마리암 오코밧(Mariam Okhovat) 교수 연구팀은 프레리들쥐의 행동에서 뜻밖의 사실을 발견해 2015년 12월 《사이언스》에 발표했다. 일부일처제라고 믿었던 프레리들쥐의 수컷 25퍼센트가 외부 암컷과 교미했다. 특히 젊은 수컷에서 이런 경향이 두드러졌다.

외도를 즐기는 바람둥이 수컷의 뇌를 분석했더니 예상대로 바소프레신 수용체 1a의 양이 순애파 수컷보다 적었다. 바소프레신 수용체 1a는 정절을 결정할 뿐 아니라 공간 기억에도 관여한다. 이것의 양이 적으면 기억 능력이 저하된다. 연구팀은 '자기 영토의 경계를 정확하게 기억하지 못해 자기가 방어하는 영토를 넘어 다른 수컷 영역에 침입한다'라는 가설을 세웠다. 결과적으로 바람둥이 기질이 있는 수컷은 행동 범위가 넓어지고, 다른 암컷과 만날 기회가 늘어나 외도로 발전한다는 논리다.

하지만 약점도 있다. 자기 보금자리를 비우는 시간이 길어져 짝을 빼앗길 위험성도 높아진다. 즉, 프레리들쥐는 짝이 자기 유전자를 보존하도록 순애를 바치는 개체와 짝이 자기 유전자를 남겨줄 확률이 줄어드는 만큼 외부에 유전자를 퍼뜨리는 개체 종이 공존한다. 연구팀은 "두 가지 전략은 하나가 증가하면 하나가 무조건 감소하는 상충 관계다. 양자의 길항(拮抗)이 전체적으로 프레리들쥐의 유전자 다양성에 이바지한다"라고 설명했다.

심리실험 38

인류가 세대를 거듭할수록 덩치가 커지고 똑똑해진 비결은 '이계교배' 덕분이다?!

에든버러대 조시 교수팀의 '이계교배 이득 연구'

영국 에든버러대학교 피터 조시 교수 연구팀은 이계교배가 자손 세대에 가져오는 이득을 연구했다. 전 세계에서 35만 명 이상의 게놈을 수집해 근친교배율을 산출한 결과, 문화적·지리적으로 독립된 지역에서 근친교배가 많았다. 그런데 혈연관계가 먼 사람들 사이에서 태어난 아이가 근친교배로 태어난 아이보다 덩치와 폐활량, 학력이 높았다. 예를 들어, 사촌끼리 결혼해서 태어난 아이는 완전 남남끼리 결혼해서 태어난 아이와 비교해 키는 평균 1.2센티미터 작고, 학교 교육 기간이 평균 10개월 짧았다. 연구팀은 큰 키와 높은 지능은 자연 세계에서 살아남는 데 유리해 이계교배를 촉진하고 유전자 다양성으로 이어졌다고 설명했다. 그래서 인류는 세대를 거듭할수록 커지고 똑똑해졌다는 주장이다.

사람의 염색체는 46개다. 남자와 여자를 결정하는 성염색체 X와 Y를 제외하고, 나머지 44개는 짝을 이룬다. 전체 22종의 염색체 각각을 아버지와 어머니에게서 한 쌍씩 물려받아 총 44개가 된다.

두 개를 가지고 있다는 건 알고 보면 안전 대책이다. 한쪽이 불완전해도 나머지 하나가 건강하면 문제가 없기 때문이다. 혈연관계가 가까운 사람끼리 맺어져 태어난 아이는 두 개 모두 불완전할 가능성이 높다. 따라서 선천성 장애 확률이 높아진다. 많은 국가에서 근친혼이 금기시되는 이유다.

근친교배가 생물학적으로 좋지 않다면 이계교배가 자손 세대에 가져오는 이득은 무엇일까? 영국 에든버러대학교 피터 조시(Peter K. Joshi) 교수 연구팀은 2015년 7월 《네이처》에 이에 대한 답을 발표했다.

연구팀은 전 세계에서 35만 명 이상의 게놈을 수집해 근친교배율을 산출했다. 연구 결과, 문화적·지리적으로 독립된 지역에서는 근친교배가 많았다. 또 먼 혈연관계에서 태어난 아이가 근친교배로 태어난 아이보다 덩치와 폐활량, 학력이 높았다. 예를 들어, 사촌끼리 결혼해서 태어난 아이는 완전 남남끼리 만난 이계 결혼으로 태어난 아이와 비교해 키가 평균 1.2센티미터 작고, 학교 교육 기간이 평균 10개월 짧았다.

연구팀은 큰 키와 높은 지능은 자연 세계에서 살아남는 데 유리해 결과적으로 이계교배를 촉진하고 유전자 다양성으로 이어졌다고 설명했다. 그래서 인류는 세대를 거듭할수록 커지고 똑똑해졌다는 주장이다. 그런데 영국 요크대학교 이사벨 윈더(Isabelle C. Winder) 교수 연구팀은 근친교배에는 단점만 있는 것이 아니라 어느 정도 이점도 있다고 주장했다.

현생 인류(호모사피엔스)가 탄생한 지 수십만 년이 지난 이 세상에 태어난 인구수는 500억~1,000억을 넘어섰다. 현재 세계 인구는 약 80억 명이다. 즉, 인류의 약 10퍼센트 가까이는 아직 살아 있다. 그 정도로 지금 지구에는 사람이 넘쳐난다. 반대로 원시 시대에는 인구 밀도가 매우 낮아 기간(구석기~신석기)의 길이를 고려하면 인구 밀도가 낮은 환경은 인류사에서 당연하다고 추측할 수 있다.

인류 초기에는 근친교배가 드물지 않았을 게 틀림없다. 드넓은 야산에서 다른 민족을 만날 기회가 드물어 가족 내 교배가 지금보다 훨씬 일반적으로 이루어졌을 것으로 추정된다. 따라서 신체 장애를 지닌 아이가 많이 태어났을 것이다.

이번 기회에 사람의 모습을 냉정하게 바라보자. 나무를 오르기에 힘이 부족한 팔, 날고기를 뜯어 먹기에 힘이 달리는 턱,

체온을 보호하기에 너무 적은 체모 등 우리에게 너무나 당연한 사람의 특징이 영장류 세계에서 보면 기형이다. 이는 근친교배로 탄생한 신체 장애였을 가능성이 있다.

자손의 번영을 위해 근친교배를 용인할 수밖에 없었던 당시에는 아무래도 장애 아이가 많이 태어났을 것이다. 다만 이렇게 가혹한 조건에서 생존에 적합한 개체는 신체적으로 강인한 유전자를 지닌 사람이 아니라 장애아를 돕는 '따스한 마음'을 지닌 사람 아니었을까? 연구팀은 "현명하고 유연하고 배려심 넘치는 개체가 유리했다. 이것이 소통 등의 사회적 성질을 발달시켰다"라고 주장한다.

강자 생존은 환상이다. 인간은 신체의 강인함을 버리고 배려하는 마음으로 무장해 자연계에서 살아남을 수 있었다.

CHAPTER
5

인간의 뇌는 인공지능과의 경쟁에서 살아남을 수 있을까?

심리실험 39

미래 세대에게 안정적으로 자산을 대물림하려면 현재 내 몫의 얼마를 물려줘야 할까?

하버드대 노왁 교수팀의
'미래와 협력 실험'

하버드대학교 마틴 노왁 교수 연구팀은 한 세대 5명의 그룹을 만들고, 다음 세대에 재산을 물려주는 게임으로 간단한 실험을 했다. 자기 세대가 가진 전 재산 100코인에서 각자 원하는 만큼 챙기고 나머지를 다음 세대에 건네주라고 하자 2~3세대에서 코인이 바닥났다. 약 70퍼센트의 사람은 다음 세대를 고려해 자기 몫을 줄였으나 '내 몫만 챙기면 그만'이라는 사람이 일부 있었기 때문이다.

그러나 협의 시스템을 도입해 같은 세대 5명이 머리를 맞대고 의논해서 다음 세대에 남겨줄 비율을 결의하는 방법을 제시하자 코인이 몇 세대에 걸쳐 안정적으로 대물림되었다. 이 상황에서는 약 90퍼센트의 구성원이 개인적 욕심을 자제했다. 즉, 동료들과의 원활한 소통이 자연스럽게 미래에 이바지하는 길로 이어졌다.

중학생 시절 잠시 무샤노코지 사네아쓰(武者小路実篤)에게 푹 빠져 그의 작품을 많이 읽었다. 특히 친구에게 추천받은 『인생론(人生論)』의 영향을 많이 받았다. 톨스토이와 카네기 등 세계적인 저명인사가 쓴 『인생론』도 있어 무샤노코지 사네아쓰의 『인생론』이 독보적이라고 하기는 어렵다. 하지만 내 마음속에 강하게 꽂힌 내용이 있다.

> 사람은 과거를 살았던 누군가의 지식을 흡수하고 무언가를 추가해 후세에 물려줄 의무가 있다.

아이는 과거를 미래로 연결하는 시간 감각이 약해 거의 현재를 산다. 그런데 이 문장을 읽고 나서 비로소 과거에서 면면히 이어져 내려온 인류의 흐름 속에서 미래로 가는 가교가 되기 위해 내 인생의 시간을 소비해야 한다고 느꼈다. 그때 시간의 흐름이 마음속에 생겨났다.

나는 맹렬하게 공부하기 시작했다. 기나긴 역사에서 축적된 방대한 지혜를 흡수하려면 시간과 재능이 부족해 조바심이 났다. 흡수할 수 없으면 후세에 아무것도 남겨주지 못하고 이대로 내 가치가 소멸한다는 생각에 애가 탔다.

지금 생각하면 부끄럽고 손발이 오그라들지만, 한치의 민망함도 없이 사명감을 잘 불태웠구나 싶다. 그 나이 또래만 가질 수 있는 미숙함을 반영한 것이라는 생각이 든다. 결국 나는 과학자로서 미래에 이바지하는 일을 사명으로 삼고 있다. 그래도 '미래에 이바지하고 싶다'는 소망은 불가사의하다. 이기적인 관점에서 볼 때 '현재의 내게 부족함이 없다면 타인의 행복 따위는 알 바 아니다. 따지고 보면 미래 세대에게 불만이나 불평을 들을 기회도 없다'는 논리가 성립한다. 그런데 사람은 복잡한 생물이다. 내가 죽은 후 인류가 향할 미래를 염려하고 자손의 행복을 바란다.

하버드대학교 마틴 노왁(Martin A. Nowak) 교수 연구팀은 2014년 《네이처》에 실린 논문 〈미래와의 협력(Cooperating with the future)〉에서 나름의 해답을 제시했다. '협력'하려면 일반적으로 상대방의 의견을 듣고 자기 의견을 말하는 상호작용이 필요하다. 하지만 시간은 일방통행이다. 미래의 사람들은 과거에 영향을 줄 수 없다. 이런 일방적인 소통에서 사람들은 어떻게 행동할까?

연구팀은 한 세대 5명의 그룹을 만들고, 다음 세대에 재산을 물려주는 게임으로 간단한 실험을 했다. 자기 세대가 가진 전 재산 100코인에서 각자 원하는 만큼 챙기고 나머지를 다음 세대에 건네준다. 총소비량이 일정 금액 이하면 다음 세대에서 100코인의 자산이 회복된다. 이는 삼림 벌채를 상상하면 쉽게 이해할 수 있다. 허용량 안에서 벌채하면 자연이 알아서 재생한다.

실험 결과, 2~3세대에서 코인이 바닥난다는 사실이 판명되었다. 약 70퍼센트의 사람은 다음 세대를 고려해 자기 몫을 줄였으나 '내 몫만 챙기면 그만'이라며 사리사욕을 추구하는 사람이 일부 있었기 때문이다.

그래서 연구팀은 협의 시스템을 도입했다. 같은 세대 5명이 머리를 맞대고 의논해서 다음 세대에 남길 비율을 결의하는 방법을 제시하자 코인은 동나지 않고 몇 세대에 걸쳐 안정적으로 대물림되었다. 이 상황에서는 약 90퍼센트의 구성원이 개인의 욕심을 자제했다. 즉, 동료들과의 원활한 소통이 자연스럽게 미래에 이바지하는 길로 이어졌다.

매년 새해를 맞이할 때면 초심으로 돌아가기 위해 연구실 동료들과 '왜 과학에 몸 바치게 되었는가?'라는 주제로 이야기를 나누겠다고 다짐한다. '미래 지향적 자기희생'이라고 말하면 거창한 느낌이 들지만, 현재 최선을 다하면 과거와 미래의 가교가 된다는 믿음으로 과학에 힘쓰고 있다. 이 마음가짐 덕분에 지금 이 시간이 더욱 소중하게 느껴진다.

심리실험 40

점점 더 많은 사람이 왜 자신의 내밀한 심리 문제를 인간이 아닌 인공지능과 상담할까?

**하버드대 보해년 교수팀의
'인공지능 카운슬링 선택 환자 빈도 연구'**

카운슬링은 인간만 할 수 있을까? 하버드대학교 존 보해년 교수 연구팀에 따르면, 인공지능 카운슬링을 선택하는 환자가 적지 않다. 인공지능 카운슬링은 1960년대부터 시도되었다. 아이슬란드의 작가 이르사 시귀르다르도티르는 세계 최초로 인공지능 카운슬링을 받은 사람으로 유명하다. 그녀는 "남들에게 사생활을 미주알고주알 털어놓고 싶지 않았어요"라고 말했다.

속내를 터놓기 어려운 이야기도 인공지능이라면 모두 털어놓을 수 있다. 인공지능은 몇 시간씩 대화해도 불편한 기색을 보이거나 언제 끝날지 몰라 시계를 보며 초조해하지 않는다. 황당한 고민도 성심껏 들어주고 언제나 냉정하고 진지하며 성실하게 대응해준다. 여러분이라면 인간과 인공지능 중 어느 쪽 카운슬링을 선택하겠는가?

마음고생이 심해 기운이 쑥 빠지고 평소 풍경도 색을 잃고 매사가 시들해졌다. 인생 그 자체에 회의감이 심해져 신경정신과에 갔다. 그런데 병원 접수처에서 이렇게 물었다.
 "인공지능과 인간 카운슬러 중 어느 쪽과 상담하시겠어요?"
 이런 상황에서 여러분은 누구를 선택하겠는가?
 '기계와 대화해서는 마음의 상처를 치유할 수 없다.'
 '애초에 로봇이 사람의 마음을 이해하기나 할까?'
 인공지능이 미덥지 못하다고 생각할 수도 있다. 그런데 하버드대학교 존 보해넌(John Bohannon) 교수 연구팀에 따르면, 인공지능 카운슬링을 선택하는 환자가 적지 않다. 2015년 7월 《사이언스》 특집호에 「인조 테라피스트(The synthetic therapist)」라는 논문이 대서특필되었다.
 카운슬링은 인간만 할 수 있는 일일까? "인간다움이란 무엇일까?"라고 물었을 때는 반대로 "기계로 대체할 수 있는 일은 무엇일까?"라는 의문에서 역행해 사고하는 과정이 중요하다. 다른 분야에서도 이와 유사한 문제가 제기되고 있다. 예를 들어, 신문 기사나 고객을 위한 보고서 정도는 인공지능도 작성할 수 있다. 그중에서도 방대한 데이터에 기반한 문장을 자동으로 작성할 수 있는 경제와 스포츠 분야 등은 인공지능이 특히 실력을 발휘하는 주제다.

미국에는 이렇게 자동 작성 문장을 제공하는 IT 기업이 여러 곳 있다. 이미 연간 10억 건이 넘는 신문 기사를 송고하고 있다. 인공지능은 1~2개월이면 어떠한 언어도 습득할 수 있어, 언젠가는 전 세계에 기사를 송고하는 날이 올 것이다. 참고로, 스웨덴 칼스타드대학교 셸리 포돌니(Shelley Podolny) 교수가 대학생을 상대로 신문 기사 감별 테스트를 진행했는데, 작성자가 인간인지 인공지능인지 거의 판별하지 못했다.

인공지능 전문가들은 2015년 3월 《뉴욕 타임스(New York Times)》에 "이 정도로 놀라서는 안 된다. 문호를 능가하는 시를 창작할 수 있다"라며 문체가 다른 두 편의 아름다운 인공시(셰익스피어 분위기의 시와 톨스토이 분위기의 시)를 게재해 관계자들을 놀라게 했다. 다만 실제로 신문 기사와 달리 인공지능에 시를 써달라는 의뢰는 한 건도 들어오지 않았다. 이 부분이 핵심이다. 사람은 왜 AI에 시를 주문하지 않을까? 로봇이 디지털 연산으로 자동 작성한 시에는 운치가 없기 때문일까?

사람은 로봇을 마음 한편으로 무시하고 내려다본다. '로봇 차별'이라는 현상이다. 역사적으로 식민지 지배나 노예 제도는 모두 상대를 '나보다 열등한 대상'으로 깔보는 차별 심리가 밑바닥에 깔려 있었다. 설령 사람이 창작한 시와 차이가 없더

라도 로봇이 지은 시를 '운치가 없다', '가치가 없다'고 일방적으로 단정하는 심리도 편견에 지나지 않는다.

인공지능이 주도하는 카운슬링은 1960년대부터 시도되었다. 아이슬란드의 작가 이르사 시귀르다르도티르(Yrsa Sigurðardóttir)는 세계 최초로 인공지능 카운슬링을 받은 사람으로 유명하다. 그녀는 "남들에게 사생활을 미주알고주알 털어놓고 싶지 않았다"라고 말했다. 누군가에게 속내를 터놓기 어려운 이야기도 인공지능이라면 안심하고 모두 털어놓을 수 있다. 그리고 몇 시간씩 대화가 이어져도 불편한 기색을 보이거나 시계를 보며 언제 끝날지 초조해하지 않는다. 황당한 고민에도 성심껏 응해준다. 대응은 언제나 냉정하고 진지하며 성실하다.

여러분이라면 인간과 인공지능 중 어느 쪽 카운슬링을 선택하겠는가?

심리실험 41

유전자의 관점에서 사람이 다른 생물, 심지어 효모보다 우수하지 않은 이유는?

컨커디어대 카츠루 교수팀의
'효모 인간화 프로젝트'

사람은 스스로 다른 동물보다 우월하다고 생각한다. 그런데 캐나다 컨커디어대학교 아시크 카츠루 교수 연구팀은 '효모의 인간화 프로젝트'로 인간의 오만함에 제동을 걸었다.

효모와 사람 유전자의 유사도는 평균 32퍼센트인데, 유전자를 개별적으로 관찰하면 유사도가 9~92퍼센트로 폭이 매우 넓다. 연구팀은 효모의 유전자 중에서 어느 것을 사람의 유전자로 대체할 수 있을지 하나하나 확인했다. 효모와 관련 있을 법한 사람의 유전자 414개를 선별해 효모에 주입한 결과 200개를 교체할 수 있었다. 효모는 사람 유전자를 아무렇지 않게 받아들였다.

사람과 효모는 약 10억 년 전에 갈라졌다. 이후 온갖 생물이 등장해 겉모양은 달라졌지만, 유전자 수준에서 볼 때 사람은 다른 생물과 별반 다르지 않다.

DNA, 게놈, 유전자의 차이는 뭘까? 일상적으로는 비슷한 의미로 사용하는데, 과학 현장에서는 엄밀하게 구별한다. 게놈은 DNA가 여러 개 늘어서 있는 것이다. DNA가 글자라면, 게놈은 문장이다. 사람의 게놈에는 33억 글자의 DNA가 늘어서 있다. 파리는 1억 2,000만 글자 정도 된다. 글자 수뿐만 아니라 기재된 내용도 다른데, 사용된 기호는 모두 같은 DNA다. 영어와 프랑스어가 같은 알파벳을 사용하는 것과 비슷하다.

유전자는 '의미 있는 문장'에 해당한다. 게놈에는 의미가 성립하는 부분과 의미가 분명하지 않은 부분이 있다. 여기서 의미가 성립하는 부분이 유전자다. 좀 더 정확히 말하면 'DNA → RNA → 단백질'로 정보를 읽어낼 수 있는 부분을 유전자라고 부른다. 사람의 유전자는 약 2만 5,000개소로 추정된다. 따라서 약 2만 5,000종류의 단백질을 만들 수 있다.

파리에게는 약 1만 3,000개의 유전자가 있다. 파리의 게놈 크기는 사람의 28분의 1인데, 유전자의 수는 절반이다. 즉, 파리는 게놈 크기에 비해 유전자가 많다. 원시적인 생물일수록 이런 경향이 두드러진다. 예를 들어, 빵 공방에서 활약하는 효모는 DNA 1,200만 글자의 게놈에 5,770개의 유전사가 적혀 있다. 파리보다 유전자 밀도가 더 높다.

 세포가 증식할 때는 모든 게놈을 복사해서 자손에게 전달할 필요가 있다. 의미 불명 부분이 많을수록 증식에 필요한 에너지가 증가한다. 이런 관점에서 보면 사람의 게놈은 비효율적이다. 이 비효율성을 낭비라고 봐야 할까, 일종의 여유라고 봐야 할까? 아니면 의미가 분명하지 않은 곳에 사람의 비밀이 숨겨져 있다고 꿈꿔야 할까? 연구자 사이에서도 관점이 제각기 다른 화두다.

 워싱턴대학교를 중심으로 구성된 공동 연구팀에서 침팬지의 모든 게놈을 해독했다. 침팬지의 게놈은 DNA가 28억 개, 유전자가 약 2만 5,000개로 사람과 매우 닮았다. 더욱 충격적인 사실은 유전자 안에 있는 DNA 배열도 사람과 98퍼센트 같다는 점이다. 이 사실로 미뤄보아 사람과 침팬지가 500만 년 전에 분기했음을 역산할 수 있다. 예전에 어느 연구자는 게놈을 해독할수록 사람으로서 자존심을 지키기 어려워진다고 고백한 적이 있다.

 사람은 스스로 다른 동물보다 우월하다고 생각한다. 그런데 캐나다 컨커디어대학교 아시크 카츠루(Aashiq H. Kachroo) 교수 연구팀은 2015년 6월 《사이언스》에 실린 논문에서 '효모의 인간화 프로젝트'라는 도발적인 실험 내용을 발표해 인간의 오만함에 제동을 걸며 결정타를 날렸다.

효모와 사람 유전자의 유사도는 평균 32퍼센트다. 하지만 유전자를 개별적으로 관찰하면 유사도가 9~92퍼센트로 폭이 매우 넓다. 연구팀은 효모의 유전자 중에서 어느 것을 사람의 유전자로 대체할 수 있을지 하나하나 확인했다.

효모와 관련 있을 법한 사람의 유전자 414개를 선별해 효모에 차례차례 주입한 결과, 절반 수준에 해당하는 200개를 교체할 수 있었다. 효모는 사람 유전자를 아무렇지 않게 받아들였다. 설령 유사도가 10퍼센트라도 30퍼센트의 유전자를 교체할 수 있었다.

사람과 효모는 약 10억 년 전에 갈라졌다. 이후 온갖 생물이 등장해 지구가 시끌벅적해졌는데, 겉모양은 달라졌지만 유전자 수준에서 볼 때 사람은 다른 생물과 별반 다르지 않다. 그렇다면 사람은 무엇일까? 이 수수께끼는 적어도 유전자 관찰만으로는 충분한 답을 얻을 수 없다. 분자가 아닌 무언가 다른 측면에서 파악할 필요가 있다.

심리실험 42

온도에 따라 생명의 수명이 달라진다는 게 사실일까?

프랑스 국립과학연구센터 베스티옹 박사팀의 '도마뱀을 이용한 발달 촉진 실험'

프랑스 국립과학연구센터 엘비르 베스티옹 박사 연구팀은 온도에 따라 생명의 속도가 달라지는지 연구했다. 연구팀은 변온동물인 도마뱀을 비닐하우스 안에서 온도 관리를 엄격하게 하며 사육했다. 외부 기온보다 평균 2도가량 높게 유지하며 1년 동안 사육했더니 예상대로 발달이 촉진되었다. 번식기를 빨리 맞이하고 사망률이 높아졌다. 즉, 성장과 노화가 가속되어 수명이 단축되었다. 그렇다면 사람은 어떨까? 사람은 항온동물이라서 기온이 다소 변동해도 체내 온도가 거의 일정하고 화학 반응 속도가 변화하지 않는다. 그래서 수명이 극적으로 늘어나거나 줄어드는 일이 없어야 한다. 그런데 사람은 겨울에는 난방으로 실내를 따뜻하게 만들고, 여름에는 에어컨을 틀어 시원하게 한다.

냉장고를 사용하는 목적은 무엇일까? 물론 식품의 냉각 보존이다. 그렇다면 차갑게 하면 왜 오래 보존할 수 있을까? 그 이유는 화학 반응 때문이다. 음식물이 상하거나 부패하는 원인은 대부분 음식물에 들어 있는 효소 혹은 음식물에 부착된 미생물의 효소가 구성 성분을 변성시키거나 독소를 합성하기 때문이다. 그 결과, 맛이 손상될 뿐 아니라 때로는 식중독을 일으킬 정도로 극적인 변화를 일으키기도 한다.

 효소의 활성화와 화학 반응 속도는 저온 상태에서 감소한다. 따라서 냉각하면 보존 효과가 생긴다. 여기서 주의할 점은, 효소는 음식물을 망치기 위해 존재하는 게 아니라는 사실이다. 원래 효소는 동물과 식물 안에서 생명 활동을 유지하기 위해 존재한다. 우리의 생명은 말하자면 화학 반응이다. 놀랄 정도로 정교하고 질서 정연한데, 마이크로 단위로 관찰하면 효소의 연쇄 반응으로 생명을 자아낸다.

 여기서 의문이 생긴다. 그렇다면 온도에 따라 생명의 속도가 달라질까? 프랑스 국립과학연구센터 엘비르 베스티옹(Elvire Bestion) 박사 연구팀은 이를 확인하기 위한 실험을 진행해 2015년 11월 《PLoS 바이올로지(PLOS Biology)》에 실험

결과를 발표했다. 연구팀은 변온동물인 도마뱀을 비닐하우스 안에서 온도 관리를 엄격하게 하며 사육했다. 실험에서는 온도를 내리지 않고 따뜻하게 했을 때의 효과를 관찰했다. 외부 기온보다 평균 2도가량 높게 유지하며 2년 동안 사육했더니 예상대로 발달이 촉진되었다. 번식기를 빨리 맞이하고 사망률이 높아졌다. 즉, 성장과 노화가 가속되어 수명이 단축되었다.

그렇다면 사람은 어떨까? 사람은 항온동물이라서 기온이 다소 변동해도 체내 온도가 거의 일정하고, 화학 반응 속도가 변화하지 않는다. 그래서 수명이 극적으로 늘어나거나 줄어드는 일이 없어야 한다. 그런데 사람은 겨울에는 난방으로 실내를 따뜻하게 만들고, 여름에는 에어컨을 틀어 시원하게 한다.

미국 스탠퍼드대학교 마셜 버크(Marshall Burke) 교수 연구팀은 2015년 11월 《네이처》에 사람에게도 적절한 기온이 존재한다는 연구 결과를 보고했다. 사람의 활동은 단순한 화학 반응과 달리 온도가 높을수록 촉진되지 않는다.

연구팀은 세계 각국의 경제활동 수준과 기온의 관계를 모델로 만들었다. 그러자 사람의 경제활동은 평균 13도에서 정점을 찍고, 이보다 높거나 낮으면 활동이 저하된다는 사실을 보여주었다. 특히 30도가 넘으면 활동 수준이 급속히 떨어졌다. 이런 경향은 기온에 민감한 농업은 물론 다른 산업에서도 관찰된다. 또 세계 어느 지역에서나 적용되는 보편적인 특징이다.

사람 같은 대형 동물보다 쥐 같은 소형 동물이 기온에 민감하다. 몸집이 작으면 몸무게 대비 체표면적이 커져 체온 제어가 어려워지기 때문이다. 의외의 사실일 수 있으나 사실 쥐는 야행성이 아니라 주행성이다. 야행성으로 보이는 것은 사육 환경 등 먹이 걱정이 없는 경우이며, 자연에 더 가까운 환경에서는 체온 손실이 적은 따뜻한 낮에 주로 어두운 장소에서 활동한다. 여기서도 핵심은 '온도'다.

심리실험 43

컴퓨터는 어떻게 사람만이 가진 직관 등 고차원적 능력이 요구되는 장기에서 인간을 뛰어넘을 수 있었나?

도쿄대 이케가야 교수의
'사람의 장기 실력을 넘어선 인공지능에 관한 고찰'

컴퓨터는 어떻게 장기의 강자가 되었을까? 계산 속도가 개량되고, 방대한 수 중에서 최선의 수를 선택할 수 있었기 때문이 아니다. 인공지능이 강해진 것은 강한 기사를 관찰하며 수 읽는 법과 대국관을 학습했기 때문이다. 그런데 이제는 컴퓨터가 사람보다 강해졌다. 사람의 수를 벗어나 성장하면 세계가 급속히 변해 새로운 전략이 탄생한다. 컴퓨터의 자유분방한 발상을 보면 사람의 사고가 얼마나 좁은 틀에 갇혀 있는지 알 수 있다.
지금은 프로 기사들이 컴퓨터가 발안한 새로운 수를 자기 대국에 도입하며 실력을 쌓는다. 그 결과, 장기계가 엄청난 수준으로 발전했다. 진정한 의미에서 사람과 컴퓨터의 컬래버레이션 아닐까?

2015년 6월 일본 홋카이도의 하코다테(函館)에서 열린 인공지능학회에서 마쓰바라 진(松原仁) 회장은 "프로 기사는 이제 컴퓨터 장기에서 이길 수 없다"라고 선언했다. 장기는 일본을 대표하는 전통 게임인 만큼 큰 반향을 일으켰다.

2015년 봄에 4회차를 맞이한 프로 기사와 컴퓨터가 대결을 벌이는 덴오센(電王戰)에서 사람이 3승 2패로 승리했다. 결과만 보면 사람이 한 수 위인데, 어떻게 이겼는지가 중요하다. 3승 중 2승은 컴퓨터 프로그램 오류, 즉 인위적 실수였다.

최종전에 도전한 아쿠쓰(阿久津) 8단은 장기 정석에서 벗어나 버그를 유도해 승리를 거머쥐었다. 수준 높은 기사로서 긍지를 버리고 승패에 집착한 기사의 모습은 도리어 컴퓨터가 얼마나 강한지 일깨워주었다.

이번 경기에서는 시판 컴퓨터를 사용했다. 공학적으로는 고전적 범위에 머무는 수준으로, 절대 슈퍼컴퓨터나 인터넷의 도움을 받지 않았다. 또 하나 중요한 것은 장기 소프트웨어는 사전에 공개되었고, 기사들은 대전 연습을 착실하게 한 뒤 본 경기에 임했다. 사실상 컴퓨터가 핸디캡을 안고 시작한 경기였다. 장기연맹에서 이처럼 불평등한 조건을 제안했다고 한다. '정면 승부로는 도저히 컴퓨터를 이길 수 없다'는 사실을 연맹이 암묵적으로 인정한 셈이다.

컴퓨터는 계산과 기억 등 사람이 완벽하게 해내지 못하는 일을 대행하기 위해 사람이 개발한 장치다. 그래서 그 방면에서 사람보다 뛰어난 게 당연하다. 현실적으로 계산 속도에서는 저렴한 전자계산기조차 이길 수 없지만, 전자계산기는 '쓸모 있는 기특한 존재'이지 질투의 대상이 아니다. 그런데 '사람의 영역'이라고 생각되는(착각일까?) 분야를 침범당하면 묘하게 얄미워진다.

장기는 상대방의 수를 서로 읽는 게임이어서 직관과 대국관 등 사람만이 가진 고차원적 기능이 꼭 필요하다. 하지만 이런 뇌의 고차 기능도 실체는 계산이다. 계산인 이상 언젠가 컴퓨터가 인간을 이기는 건 떼어놓은 당상이다. 컴퓨터가 사람을 이기는 것은 사람에게 굴욕이 아니다. 오히려 '내 자식'의 성장을 기뻐하며 환영해야 한다.

그렇다면 컴퓨터는 어떻게 급속히 발전해 장기의 강자가 되었을까? '계산 속도가 개량되고, 방대한 수 중에서 최선의 수를 선택할 수 있었기 때문'이 아니다. 현재 컴퓨터조차 제한 시간 안에는 계산을 마칠 수 없다. 매초 3억 수 정도 속도로도 모든 수를 계산할 수 없을 만큼 장기는 복잡하다.

그렇다면 인공지능은 어떻게 강해졌을까? 강한 기사를 관찰하며 수 읽는 법과 대국관을 학습했기 때문이다. 쉽게 말해, 사람을 모방한 것이다. 바야흐로 컴퓨터는 사람보다 강해졌다. 이제 사람은 배워야 할 스승이 아니다. 지금은 컴퓨터끼리 대결로 절차탁마해 실력을 갈고닦는다.

사람의 수를 벗어나 성장하면 세계가 급속히 변해 새로운 전략이 탄생한다. 옛날부터 '금기 수'로 피하던 수가 실은 효과적이라는 사실이 판명 난 사례도 있다. 컴퓨터의 자유분방한 발상을 보면 사람의 사고가 얼마나 좁은 틀에 갇혀 있는지 알 수 있다.

지금은 프로 기사들이 컴퓨터가 발안한 새로운 수를 대국에 도입하며 실력을 쌓는다. 그 결과, 장기계는 넘볼 수 없는 수준으로 발전했다. 그러자 장기가 얼마나 심오한 게임인지 한층 더 잘 이해하게 되었다.

이것은 진정한 의미에서 사람과 컴퓨터의 컬래버레이션 아닐까? 공존은 상대를 '인정'하는 데서부터 시작된다. 장기는 다른 분야보다 먼저 사람이 컴퓨터를 능숙하게 다루기 시작한 영역이다.

심리실험 **44**

AI는 궁극적으로 인간의 지능을 뛰어넘을 수 있을까?

구글 인공지능 개발팀의 '강화 학습의 심층 학습 응용 연구'

지능은 사람만 가진 고유한 특성이 아니다. 무생물에도 지능이 존재한다. 인공지능(AI)이 좋은 예다. AI는 컴퓨터 안에 정교한 프로그램을 설치해 사람의 지능 일부를 인공적으로 재현하는 컴퓨터 시스템이다. 이는 1960년대 컴퓨터 기술의 발전과 더불어 전 세계 연구자에게 기대를 모았으나 유행이 단숨에 식어 실망 또한 컸다.

2005년에 심층 학습이 발표된 이후 AI가 다시 주목받고 있다. 심층 학습은 기존에 실패한 인공지능을 몇 중으로 연결해 계층화하는 간단한 원리다. 그런데 예상보다 더 훌륭하게 작동해 사람의 지능에 근접한 능력을 보여주었다.

구글 인공지능 개발팀은 《네이처》에 발표한 〈심층 Q회로〉에서 '강화 학습'을 뇌가 아닌 '심층 학습'에 응용해 큰 충격을 주었다. 심층 학습이 임무를 제대로 수행했을 때 칭찬해주는 방식이었다. 이는 사람의 '교육'과 같다.

천재의 머릿속은 어떻게 생겼을까? '머리가 좋다'는 게 뭘까? 나는 지능이란 '추측하고 대처하는 힘'이라고 생각한다. 시험 시간에는 최적의 해법을 떠올려 문제를 차근차근 풀고 정답을 적어나간다. 난관에 부딪혔을 때도 적절한 대책을 짜내 타개할 수 있다. 당황해서 어쩔 줄 몰라 쩔쩔매는 사람을 보면 무엇 때문에 곤란한지 파악해서 도움의 손길을 내민다. 대화 중에는 상대방의 기분을 살펴 적절하게 맞장구를 치며 대화를 이어간다. 이런 사람에게서는 지성이 느껴진다. 어떤 상황에서든 예기치 못한 사태를 미리 간파하거나 숨겨진 진실을 찾아내 적절한 행동을 한다. 한마디로, 문제의 본질을 꿰뚫어보고 행동한다. 따라서 지성이란 '추측하고 대처하는 힘'이다.

　지능은 사람만이 가진 고유한 특성이 아니다. 물고기와 곤충도 지능(어쩌면 지능의 원형)이라 일컬을 만한 능력을 갖추고 있다. 심지어 무생물에도 지능이 존재한다. 인공지능(AI)이 좋은 예다. AI는 컴퓨터 안에 정교한 프로그램을 설치해 사람의 지능 일부를 인공적으로 재현하는 컴퓨터 시스템이다. 1960년대 컴퓨터 기술의 발전과 더불어 전 세계 연구자에게 기대를 모았다. 하지만 그 유행은 단숨에 식어 실망 또한 컸다. 사람은 커녕 곤충의 발끝에조차 미치지 못할 정도의 지능밖에 구현할 수 없었기 때문이다.

그러다가 AI가 다시 주목받게 되었다. 2006년에 발표된 심층 학습(deep learning)이 물꼬를 텄다. 심층 학습은 기존에 실패한 인공지능을 몇 중으로 연결해 계층화하는 간단한 원리다. 그런데 예상보다 더 훌륭하게 작동해 사람의 지능에 근접한 능력을 보여주었다. 콜럼버스의 달걀, 말하자면 이 계층 구조는 뇌와 같다.

구글이 2015년 3월 《네이처》에 발표한 〈심층 Q회로(DQN, Deep Q-Network)〉는 특히 큰 충격을 주었다. 아이디어도 단순하다. '강화 학습'을 뇌가 아닌 '심층 학습'에 응용했을 뿐이다. 즉, 심층 학습이 제대로 임무를 수행했을 때 칭찬해주는 방식이다. 사람의 '교육'과 같다. 놀랍게도 DQN은 자발적으로 적절하게 행동하고 결단을 내릴 수 있었다. 구체적인 예를 들어보자. 구글 인공지능 개발팀이 DQN에 인베이더 게임과 블록 게임, 3D 레이싱 등 시판 비디오 게임을 반복해서 수행하도록 한 뒤 고득점을 얻으면 칭찬했더니, 전체 49종 중 29종의 게임에서 사람 상급자 수준에까지 도달했다.

구글 인공지능 개발팀이 DQN에 취급 설명서를 주지 않았다는 점에 주목해야 한다. 텔레비전 화면에 표시되는 상황이 무엇을 의미하는지, 앞에 있는 컨트롤러가 무엇에 쓰는 물건

인지 등을 전혀 가르쳐주지 않고, 맨땅에 헤딩하는 방식으로 게임을 해서 높은 점수를 내면 칭찬하는 과정만 반복했다. 그러자 DQN은 스스로 무엇을 해야 하는지 학습하고, 고도의 전략을 구사해 게임을 공략하고, 평범한 사람을 능가하는 성적을 내기 시작했다. 이거야말로 관찰하고 대처하는 힘, 즉 지능이다.

DQN 구조를 뜯어봐도 알고리즘 개발자조차 어떤 연산이 이루어지는지 전혀 이해할 수 없었다고 한다. 이 부분이 중요하다. 우리 뇌도 마찬가지이기 때문이다. 뇌 내부를 엿봐도 너무 복잡해 무엇이 어떻게 작동해서 지능이 발휘되는지 파악할 수 없다. 사람의 지능은 자기 지능을 이해할 수 없다. '지능'이란 다시 말해 인지를 넘어선 작용이다.

이제 첫머리의 질문에 대한 대답을 얻었다.

> 질문: '천재'의 머릿속은 어떻게 생겼을까?
> 답변: 아무리 들여다봐도 이해할 수 없으니 궁금해하지 말자.

인공지능 연구가 초래한 결론은 다소 아쉽지만, 정체를 가늠할 수 없기에 지능은 '신비로운' 능력으로 계속 존재할 수 있지 않을까?

심리실험 **45**

AI가 '새로운 문자'까지 창안할 수 있다고?

**뉴욕대 레이크 교수팀의
'문자를 통한 분류력과 창조력 실험'**

뉴욕대학교 브렌든 레이크 교수 연구팀은 AI의 새로운 가능성을 보여준 논문에서 AI가 작업하기에 서툰 능력으로 '분류력'과 '창조력'을 꼽았다. 그리고 '문자'로 두 가지 문제점을 해결했다. AI는 단순히 문자를 식별하는 데서 그치지 않고 손 글씨 분위기의 문자를 스스로 썼다. 사람이 쓴 글자와 함께 늘어놓고 제삼자에게 판정하게 했더니 정답을 맞히는 확률이 52퍼센트로 거의 판별할 수 없었다. 이처럼 AI는 거의 '사람 수준'의 글자까지 쓸 수 있다.
게다가 AI는 특정 언어의 문자를 보고 언어다운 특성이 고스란히 묻어나는 거부감 없는 '새로운 문자'를 창안할 수 있다. AI는 각기 다른 문자의 구체적인 형상뿐 아니라 그 언어 특유의 '문자다운 개성'까지 구사해 소재를 활용한 작품을 창조했다. 바야흐로 AI가 예술의 영역에 들어섰다.

인공지능(AI) 성능이 점점 더 향상되고 있다. 2015년 12월 《사이언스》에 발표된 뉴욕대학교 브렌든 레이크(Brenden M. Lake) 교수 연구팀의 논문은 AI의 새로운 가능성을 보여준다. 논문 제목마저 당돌하게 〈사람에 맞먹는 '개념'의 습득(Human-level concept learning through probabilistic program induction)〉이다.

연구팀은 AI가 작업하기에 서툰 능력으로 '분류력'과 '창조력'을 꼽았다. '분류력'은 사물을 카테고리에 따라 나누는 능력이다. 예를 들어, 사람은 물고기를 볼 때 참치 종류인지, 도미 종류인지, 대구 종류인지 자연스럽게 그룹으로 나눈다.

AI는 이런 식별에 탁월한데, 사람과 결정적인 차이점이 있다. 필요한 정보의 양이다. AI는 계산 능력에 의존해 방대한 데이터를 읽어서 분류하는 방법을 배워나간다. 반면, 인간은 처음 본 대상이라도 그 대상의 특징을 찾아내 분류할 수 있다.

'창조력'은 이미 존재하는 카테고리의 요소를 활용해 새로운 무언가를 만들어내는 능력이다. AI가 창조력을 발휘하려면 전용 특수 프로그램을 짤 필요가 있다. 이처럼 정해진 범위 안에서는 기막히게 작동하지만, 상정 범위를 벗어난 상황에서 보편적인 창조력을 발휘하는 AI는 아직 존재하지 않는다.

연구팀은 '문자'를 대상으로 연구해 앞서 소개한 두 가지 문제점을 해결했다. 문자는 분류력을 시험할 수 있는 분야다. 같은 '아'라도 문자의 형태가 천차만별이다. 또 '오'와 '요' 등 비슷한 글자를 헷갈리지 않도록 다른 문자에 없는 '오다움'을 이해해야 한다.

연구팀이 발견한 AI의 놀라운 점은 단순히 이 난제를 해결해 문자를 식별하는 데서 그치지 않고 손 글씨 분위기의 문자를 스스로 쓸 수 있다는 점이다. 연구팀의 AI는 문자의 형상을 요소 분석해 '사람은 어떻게 손으로 쓸까?'라고 순서를 추측했다. 이 AI는 사람의 손 움직임 버릇을 습득해 처음 본 문자라도 쓰는 순서를 설정해서 술술 썼다. 오탈자가 3퍼센트 정도 있었지만, 사람이 같은 시험을 쳐도 5퍼센트 정도는 실수를 저지른다. 사람이 쓴 글자와 함께 늘어놓고 제삼자에게 어느 쪽이 AI가 쓴 글자인지 판정하게 한 결과 정답을 맞히는 확률이 52퍼센트로, 판별이 불가능했다. AI는 거의 '사람 수준'의 글자까지 쓸 수 있었다.

이 정도에서 놀라기는 이르다. AI는 특정 언어의 문자를 보고 언어다운 특성이 고스란히 묻어나는 거부감 없는 '새로운 문자'를 창안할 수 있다. 비교 판정 결과, 역시 사람이 창조한 문자와 구별할 수 없었다. 즉, AI는 개개 문자의 구체적인 형상

뿐 아니라 그 언어 특유의 '문자다운 개성'까지 구사해 소재를 활용한 작품을 창조했다. 바야흐로 AI가 예술의 영역에 들어섰다.

전문적인 이야기로 넘어가자. 이번 AI는 한창 유행인 '심층 학습(deep learning)'이 아니라 고전적인 '규칙 기반 학습(rule based learning)'이라는 사실이 충격이었다. 쓰는 방법에 따라 아직 구식 AI라도 고성능을 발휘할 수 있다. 요컨대 AI를 다루는 인간이 얼마나 잘 활용하느냐에 따라 능력을 펼치는 정도가 달라진다는 게 핵심이다. 사람의 교육론과도 일맥상통하는 부분이 있다.

AI의 응용 속도는 놀라울 정도로 빠르다. 궁합이 잘 맞는 교제 상대를 엄선하는 서비스가 출범해 곧바로 미팅과 소개팅 등 만남에 활용되기도 했다. 머지않아 AI가 연애편지를 '손으로' 대필해주는 날이 올지도 모른다.

심리실험 46

물 위에서 자유롭게 이동하고 점프하는 소금쟁이의 경이로운 능력을 응용한 로봇 개발에 성공했다는데?!

서울대 조규진 교수팀의 '경량형 수상 도약 로봇'

소금쟁이는 물 위에서 정지하고 이동하는 능력이 있다. 그러나 이공학적 관점에서 소금쟁이의 가장 주목할 능력은 수면을 차고 높이 점프하는 기술이다. 소금쟁이는 적에게 공격당하면 화들짝 놀랄 정도로 높이 점프해서 달아난다. 소금쟁이가 수면을 수직으로 때리면 표면장력의 허용량을 넘어 즉시 물에 가라앉는다. 그래서 소금쟁이는 길쭉한 뒷다리 네 개를 수면에 널찍하게 띄우고, 0.02초 순간 최대 회전 속도 2만 RPM으로 비틀어 수면을 깨뜨리지 않고 144mN/m의 한계장력을 만들어낸다.

서울대학교 조규진 교수 연구팀은 이 역학을 모방해 중량 0.068그램의 경량형 '수상 도약 로봇'을 제작했다. 수면을 점프하는 세계 최초 기계가 생물의 동작을 모방한 로봇공학 분야에서 탄생했다는 사실이 재미있다.

서울대학교 조규진 교수 연구팀은 2015년 8월 《사이언스》에 발표한 논문에서 소금쟁이 로봇을 완성했다고 밝혔다.

  소금쟁이의 특수 기능은 뭘까? 물에 가라앉지 않고 수면을 사뿐사뿐 자유롭게 돌아다니는 능력일까? 예전부터 전해 내려오는 우스갯소리 중에서 물 위에 오른발을 놓고 오른발이 빠지기 전에 왼발을 앞으로 내밀고, 왼발이 빠지기 전에 다시 오른발을 내미는 과정을 반복하면 예수님처럼 물 위를 걸을 수 있다는 이야기가 있다. 아쉽게도 이 방식대로 실행하기에는 사람의 체중이 너무 무겁다. 발이 빠지는 속도가 빨라 물을 차고 다음 걸음을 내딛는 추진력을 얻을 수 없다. 시속 100킬로미터라면 물 위를 걸을 수 있다는 이야기가 있긴 하다.

  그러나 몸무게가 가벼우면 이야기가 달라진다. 예를 들어, 중앙아메리카에 서식하는 도마뱀의 일종인 바실리스크도마뱀(common basilisk)은 큼직한 뒷발로 수면을 차며 가라앉지 않고 초고속으로 강을 건널 수 있다. 현지에서는 예수님처럼 물 위를 걷는다고 해서 '예수도마뱀(Jesus Christ lizard)'이라 부른다. 갈릴리 호수 위를 걸었다는 성경의 기적에서 따온 별명이다.

엄격하게 따지면, 바실리스크도마뱀의 주행법은 예수가 물 위를 걷는 모습과 다르다. 바실리스크도마뱀은 발바닥의 장심(掌心)으로 강하게 수면을 때려서 기포를 만들어 추진력을 발생시키는데, 그 기포가 망가지기 전에 다리를 빼서 전진한다. 그래서 전진을 멈추면 (예수와 달리) '앗' 하는 사이 물속으로 가라앉는다. 100그램이 넘는 몸무게는 물 위에서 정지하기에 너무 무겁다.

오히려 소금쟁이가 예수와 더 닮았다. 소금쟁이는 물 위에서 정지할 수 있다. 1원짜리 동전을 살살 물 위에 띄워본 사람이라면 알 수 있다. 표면장력을 이용하면 띄울 수 있다. 알루미늄 등 원래 물에 가라앉는 재질을 표면장력을 이용해 물에 띄우는 물체는 통상적으로 몇 그램이 한계다. 이 무게가 넘으면 수면의 표면장력이 깨지면서 가라앉는다.

이공학적 관점에서 볼 때 소금쟁이에게서 가장 주목할 특수한 능력은 뜨는 능력도 물 위를 이동하는 능력도 아니다. 수면을 차고 높이 점프하는 기술이다. 소금쟁이는 적에게 공격당했을 때 화들짝 놀랄 정도로 높이 점프해서

달아난다. 비록 방향은 중구난방이지만.

　조규진 교수 연구팀은 소금쟁이가 점프하는 모습을 자세히 관찰했다. 만약 수면을 수직으로 때리면 표면장력의 허용량을 넘어 즉시 물에 가라앉는다. 그래서 소금쟁이는 다리의 회전을 고안했다. 길쭉한 뒷다리 네 개를 수면에 널찍하게 띄우고 0.02초 순간 최대 회전 속도 2만 RPM으로 비튼다. 이 움직임으로 수면을 깨뜨리지 않고 144mN/m의 한계장력을 만들어 낸다.

　연구팀은 이 역학을 모방해 중량 0.068그램의 경량형 '수상도약 로봇' 제작에 성공했다. 수면을 점프하는 세계 최초 기계, 이것이 생물의 동작을 모방한 로봇공학(biomechanics) 분야에서 탄생했다는 사실이 재미있다.

　작은 세계에는 놀라운 비밀이 숨어 있다. 이 비밀을 알아가는 과정이 생물 연구의 묘미다.

심리실험 47

디저트 등에 사용되는 '바닐라 풍미'가 대부분 합성 인공 첨가물이라고?

도널드댄퍼스식물과학센터 월츠 박사의
'미생물 합성 연구'

백목향의 우드와 바닐라, 그리고 샤프란은 향기 나는 식물로 유명하다. 바닐린은 단일 화학물질인 반면 우드는 여러 방향물질의 혼합체다. 디저트 등에 사용되는 '바닐라 풍미'는 대부분 합성된 인공 첨가물이다. 바닐라 향료의 95퍼센트가 제지 공정에서 발생한 부산물을 화학 촉매로 반응시켜 얻고 나머지 5퍼센트는 효모가 생산한다. 이런 미생물 테크놀로지가 큰 발전을 거두고 있다. 미국 도널드댄퍼스식물과학센터 에밀리 월츠 박사는 원리적으로 모든 화합물을 미생물에 합성시킬 수 있다고 주장한다. 현재 식품 회사와 화학공업 회사는 물론 제약 회사도 이 기술에 주목하고 있다. 미생물 발효 비용이 화학 합성의 50배나 되는데 굳이 미생물을 이용하는 이유는 소비자에게 강한 인상을 심어주기 때문이다. 인공 합성 바닐라는 '화학 조미료'이지만, 미생물을 이용하면 '자연 소재'로서 브랜드 가치를 높일 수 있다.

'침향'이라고도 부르는 '우드'는 전설적인 식물이다. 엄밀하게 따지면, 식물이 아니라 나무의 상처에 곰팡이가 들어가 자연스럽게 발효해서 수지가 갈색 덩어리로 변한 목재다. 그래서 가열하면 우아한 향기를 풍긴다.

동남아시아 숲에서 드물게 발견되는 우드는 기적의 산물로 신격화되었다. 3세기 중국 오나라에서 저술된 『남주이물지(南州異物志)』에도 등장한다. 지금도 희소가치가 높아 진품은 좀처럼 구하기 어렵다. 특히 우드에서 추출한 방향유(essential oil)는 입이 떡 벌어질 정도로 고가에 거래된다. 우드 원목이 되는 '백목향'이 희귀한 종으로 여겨지면서 남획과 삼림 벌채가 이루어졌다. 그 여파로 백목향은 2004년 워싱턴 조약에서 '거래를 규제하지 않으면 멸종 우려가 있는 생물'로 지정되었다. 백목향 전문점이자 아로마테라피 용품점으로 유명한 뉴욕의 '엘플러지(Enfleurage)'에서도 판매 리스트에서 우드 오일이 사라졌다.

바닐라나무도 대표적인 향기 나는 식물이다. 바닐라 역시 향신료로는 사프란 다음으로 고급품이어서 값이 비싸다. 재배가 가능하지만, 온도와 수분 관리가 까다로워 열매를 맺을 때까지 어마어마한 수고를 들여야 한다.

바닐라 향미의 정체는 '바닐린(vanillin)'이다. 바닐린은 단일 화학물질이다. 반면 우드는 여러 종의 방향물질이 섞인 혼합체다. 그 실체는 완벽하게 해명되지 않았지만, 둘의 차이는 무시할 수 없다. 쉽게 말해, 바닐라 향기는 인공적으로 재현할 수 있다. 실제로 디저트 등에 사용되는 '바닐라 풍미'는 대부분 합성된 인공 첨가물이다. 향료로서 바닐라만 놓고 볼 때 세계에서 소비되는 연 1만 6,000톤 중 95퍼센트가 제지 공정에서 발생한 부산물을 화학 촉매로 반응시켜 얻는다.

그렇다면 나머지 5퍼센트 바닐라는 어떻게 얻을까? 바닐라에서 나오는 추출물이 아니다. 놀랍게도 효모가 생산한다. 물론 천연 효모는 바닐라를 만들 수 없다. 하지만 바닐린 합성 효소 유전자를 인공적으로 조합해 당분을 바닐린으로 신속하게 변환하는 효모로 변화한다.

이런 미생물 테크놀로지는 큰 발전을 거두고 있다. 미국 도널드댄퍼스식물과학센터의 에밀리 월츠(Emily Waltz) 박사는 원리적으로 모든 화합물을 미생물에 합성시킬 수 있다고 주장한다. 현재 식품 회사와 화학공업 회사는 물론 제약 회사도 이 기술에 주목하고 있다. 다만 현시점에서는 미생물 발효 비용이 화학 합성의 50배나 된다. 그런데 왜 굳이 미생물을 이용할까? 그 이유는 소비자에게 강한 인상을 심어주기 때문이다. 인공 합성 바닐라는 '화학 조미료'이지만, 미생물을 이용해서 만들면 '자연 소재'로서 브랜드 가치를 높일 수 있다. 소비자를 기만하는 상술 같지만, 위법은 아니다.

애초에 어디까지가 자연이고 어디서부터 인공인지 선명하게 규정하기는 어렵다. 재배된 바닐라도 대부분 마다가스카르산인데, 멕시코에서 자생하는 바닐라 원종을 플랜테이션 농업용으로 품종 개량한 수종이라서 따지고 보면 인공적 산물이다. 그러나 만약 인위적 품종 개량이 없다면 바닐라도 우드처럼 희소가치가 높은 고급품이 될 수밖에 없다.

이렇게 생각하면, 미생물이 발효한 바닐라를 인공적이라고 무조건 퇴짜 놓을 수는 없다. 원래 인간은 대자연의 일부다. '자연의 산물인 인간'이 손을 대어 만든 게 자연이 아니라고 판단하는 사고방식은 사람의 뇌 안에서만 유효한 인공적인 개념에 지나지 않는다.

CHAPTER 6

인간이 자기 외모에 유난히 너그러운 뇌과학적 이유

심리실험 48

전기충격을 받은 프레리들쥐가 다른 프레리들쥐의 그루밍을 받은 후 불안감이 눈에 띄게 감소했다고?

**에모리대 버킷 교수팀의
'프레리들쥐 그루밍을 통한 위로와 공감 실험'**

동물들이 털을 골라주는 '그루밍'은 상대방을 위로하는 효과가 있다. 미국 에모리대학교 제임스 버킷 교수 연구팀은 프레리들쥐를 두 마리씩 짝지어 사육하고 그중 한 마리에게 전기충격을 가한 뒤 다시 합사했을 때의 행동을 관찰했다. 그런데 전기충격으로 스트레스 과다 상태가 된 프레리들쥐를 다른 프레리들쥐가 그루밍하는 시간이 그전보다 2배 이상 증가했다. 이런 현상은 같은 우리에서 생활한 프레리들쥐들 사이에서만 나타났다. 그루밍을 받은 프레리들쥐는 불안감이 감소하고 용기가 되살아나 자발적으로 돌아다닐 수 있게 되었다. 연구팀의 실험에서는 공감도 확인되었다. 전기충격을 받은 프레리들쥐는 공포에 떨며 몸이 굳어 움직이지 않는 '프리징' 상태에 빠졌는데, 전기충격을 받지 않은 프레리들쥐도 '겁에 질린 상태'가 되었다. 공감은 우리가 생각하는 것보다 훨씬 더 원시적인 감정이다.

동물들이 다른 동물의 털을 골라주는 행동을 '그루밍(grooming)'이라고 한다. 그루밍의 사전적 의미는 '먼지와 기생충 제거, 상처 처치'라는 실용적인 목적에 부가적으로 '유대감 형성, 다른 동물과 연대 강화' 등의 기능이 있다. 즉, 마음의 접착제 역할을 한다. 실제로 그루밍은 상대방을 위로하는 효과가 있다.

미국 에모리대학교 제임스 버킷(James P. Burkett) 교수 연구팀은 프레리들쥐를 대상으로 실험한 결과를 2016년 2월 《사이언스》에 실린 논문에 발표했다. 그들은 우선 두 마리씩 짝을 지어 프레리들쥐를 사육하고, 그중 한 마리에 전기충격을 가한 뒤 다시 합사했을 때의 행동을 관찰했다. 그러자 놀랍게도 전기충격을 받아 스트레스 과다 상태가 된 동료를 그루밍하는 시간이 2배 이상 증가했다. 이 현상은 어디까지나 같은 우리에서 생활하던 프레리들쥐에 대해서만 발생하고, 낯선 개체에게는 그루밍 시간이 증가하지 않았다. 또 그루밍을 받은 프레리들쥐는 불안감이 감소하고 용기가 되살아나 자발적으로 돌아다닐 수 있게 되었다.

이런 일련의 사실을 통해 그루밍은 사람으로 말하면 '위로와 공감'에 해당한다는 사실을 알 수 있다. 비슷한 '위로와 공감' 행동은 원숭이와 코끼리, 개에게서도 관찰할 수 있는데, 동물들의 이런 사회적 완충 행동이 진화적으로 오래되었음을 추정할 수 있다.

위로의 기초는 '공감'이다. 공감하는 마음이 없으면 위로가 싹트지 않는다. 공감이란 '상대방과 같은 정신 상태를 추체험(追體驗)하는 감정'이다. 상대방이 겁에 질려 떨고 있으면 나도 두려움을 느낀다. 그리고 상대방이 기뻐하면 나도 기쁨을 느낀다. 이런 감정의 공유가 바로 공감이다.

미국 에모리대학교 연구팀의 실험에서도 공감이 확인되었다. 전기충격을 받은 프레리들쥐는 공포에 떨며 몸이 굳어 움직이지 않는 '프리징(freezing)' 상태에 빠졌는데, 전기충격을 받지 않은 프레리들쥐도 상대와 같이 '겁에 질린 상태'가 되었다.

들쥐가 공감할 줄 안다는 사실에 놀랄 일이 아니다. 공감은 우리가 상상하는 것보다 훨씬 더 원시적인 감정이다. 공감은 생존에 유리한 행동 원리이기 때문이다. 예를 들어, 들쥐 근처에 고양이가 다가오는 상황을 가정하자. 제일 먼저 고양이의 존재를 눈치챈 들쥐는 '고양이가 왔으니 조심하라'라고 주위에 전달할 고도로 발달한 언어를 발달시키지 못했다. 겁에 질려 떨면서 몸이 굳을 뿐이다.

이런 위축 자세에는 중요한 의미가 담겨 있다. 꼼짝하지 않으면 기척을 숨길 수 있다. 기척을 줄여 고양이가 자기 존재를 알아차리지 못하고 지나칠 확률을 높이는 행동이다.

이때 고양이의 기척을 알아차리지 못한 주위 들쥐들은 어떻게 할까? 상황을 알아차리지 못하면 태연하게 돌아다니다가 자칫 고양이에게 잡아먹힐 수도 있다. 이때는 다른 들쥐를 모방해 꼼짝하지 않는 게 최선이다. 이것이 '공감'의 원점이다. 공감이 진화 초기에 싹트고 오늘날까지 동물들의 뇌 회로에 일관되게 보존된 행동 양식인 이유는 당연한 결과다.

'나를 위한 공감'이 '배려로서의 공감'으로 진화해 그다음 단계로 나아간 상태가 '위로'다. 위로가 들쥐 같은 미물에게도 존재한다는 사실 자체가 흥미롭다.

심리실험 49

지휘 능력이 뛰어난 비둘기가 아니라 비행 능력이 뛰어난 비둘기가 대장이 된다?

옥스퍼드대 비로 교수팀의 '비둘기 대장 선출 과정 연구'

GPS 추적 장치를 이용해 야생동물의 행동을 모니터하는 연구가 활발하게 진행되고 있다. 동물을 장시간 모니터하면 비행 경로뿐 아니라 어디서 먹이를 먹고, 어디서 번식하며, 어디서 무리가 합류와 분열을 하고, 어디서 생을 마감하는지 등 철새의 한평생을 밝혀낼 수 있다.

옥스퍼드대학교 도라 비로 교수 연구팀은 무리의 모든 비둘기에게 GPS를 장착해 대장 선출 과정을 관찰했다. 놀랍게도, 무리 형성 초기에는 인솔 능력이 뛰어난 개체가 아니라 비행 능력이 탁월한 비둘기가 대장이 되는 경향이 있었다. 즉, '선출'이 아니라 단순히 빨리 날아서 선두를 차지하는 새가 대장이 되었다. 그런데 선두에 설 기회가 많은 대장은 차츰 효과적으로 경로를 선택하는 능력이 높아지고 대장 뒤만 쫄래쫄래 따라가는 개체들은 능력 향상이 관찰되지 않았다.

땅거미가 내릴 무렵이면 새들은 일제히 무리를 지어 둥지 쪽으로 포르르 날아간다. 이런 동물들의 집단행동은 시상이 떠오를 정도로 아름다운 광경에서 그치지 않는다. 합리성과 효율성을 갖추고 있어 우리 생활과 일에 요긴하게 활용될 아이디어를 제공한다.

야생동물의 행동을 모니터하는 연구가 활발하게 진행되고 있다. 이 연구에는 두 가지 목적이 있다. 첫째는 기술적 이유다. GPS 추적 장치 경량화가 진행되어 동물에게 스트레스를 주지 않고 장착할 수 있는 소형 장치가 개발되었다. 철새와 돌고래, 메뚜기, 코끼리 등 현재 전 세계 다양한 동물 약 5만 마리에게 추적 장치를 부착했다. 이 분야 선구자인 막스플랑크 연구소 마르틴 비켈스키(Martin Wikelski) 박사 연구팀이 태양광 발전으로 구동하는 장치를 개발한 덕분에 전지를 교환하지 않고도 거의 평생 동물의 행동을 추적할 수 있게 되었다. 둘째는 국방부가 비군사 목적으로 일반적인 GPS에 가하던 성능 제한을 해제한 이유다. 규제 조치를 해제하면서 사용 범위와 정밀도가 급성장했다.

동물을 장시간 모니터하면 뜻밖의 사실을 발견할 수 있다.

예를 들어, 독일에서 아메리카 대륙 최남단까지 아득한 거리를 매년 왕복하는 철새종이 있다. 비행 경로뿐 아니라 어디서 먹이를 먹고, 어디서 번식하며, 어디서 무리가 합류와 분열을 하고, 어디서 생을 마감하는지 등 철새의 한평생을 밝혀낼 수 있다.

이탈리아 시칠리아섬에 있는 에트나 화산 산허리에 서식하는 산양이 분화 몇 시간 전 위험 구역에서 대피했다는 사실을 알아낸 연구도 있다. 어떻게 재해를 예지했는지는 해명되지 않았다. 소량의 황화수소 가스를 감지했을 수도 있다.

이제는 반려동물에게 부착하는 장치가 시판되어 GPS 추적 기술이 우리 일상 깊숙이 들어와 있다. 외출 고양이가 어디에서 놀다 오는지 손바닥 보듯 훤히 알 수 있어 고양이 집사들 사이에서 인기가 높다. 다만 고양이는 기대만큼 멀리 가거나 모험에 나서지 않고 집 근처를 어슬렁거리다 돌아올 때가 많다.

이처럼 우리와 친근한 동물의 관찰로 알아낸 흥미로운 사실을 한 가지 소개한다. 옥스퍼드대학교 도라 비로(Dora Biro) 교수 연구팀은 비둘기의 행동을 해독해 2015년 12월 현대 생물학 학술지 《큐런트 바이올로지(Current Biology)》에 발표했다.

대장 비둘기는 다른 비둘기들을 효율적으로 통솔한다고 알려져 있다. 하지만 우수한 대장 선출 방법은 밝혀지지 않아 수수께끼에 싸여 있었다. 연구팀은 무리의 모든 비둘기에게

GPS를 장착해 대장 선출 과정을 관찰했다. 그런데 놀랍게도 무리 형성 초기에는 인솔 능력이 뛰어난 개체가 아니라 비행 능력이 탁월한 비둘기가 대장이 되는 경향이 있었다. 즉, '선출'이 아니라 단순히 빨리 날아서 선두를 차지해 대장이 되었다. 그런데 선두에 설 기회가 많은 대장은 차츰 효과적으로 경로를 선택하는 능력이 높아졌다.

무리를 이끄는 횟수가 많을수록 리더십을 발휘할 기회도 많아졌다. 일주일 동안만 선두를 맡겨도 정밀도가 높은 경로를 습득하는 힘을 터득했다. 반면 대장 뒤만 쫄래쫄래 따라가는 개체들은 능력 향상이 관찰되지 않았다.

심리실험 **50**

포커를 이용해 인간 사회를 근본적으로 변화시킬 수 있다는 주장이 사실일까?

**앨버타대 볼링 교수팀의
'체스 최적해 발견'**

포커 게임에서는 해를 얻는 것이 관건이다. 그런데 캐나다 앨버타대학교 마이클 볼링 교수 연구팀이 이 최적해를 발견했다. 연구팀은 계산에 공을 들여 트럼프 조합의 수를 실질적으로 14조 개까지 줄이는 데 성공했다. 그리고 '어떠한 상황에서 어떻게 결단 내리면 실패를 줄일 수 있을까?'를 기준으로 최적의 대처법을 찾아냈다.

이 획기적인 알고리즘은 효과를 발휘해 매초 60억 개 이상의 패턴을 만들어내는 CPU 4,800개를 67일 동안 총동원해 최적화해서 계산을 마쳤다. 계산 결과는 11TB 하드디스크에 저장되었다. 이 저장 데이터는 만능 '사전'인 셈이다. 이 데이터를 참조하며 포커 게임을 진행하면 세상에 적수가 있을 수 없다.

이 접근법을 경제와 정치 교섭에 응용할 수도 있다. 어쩌면 인간 사회의 양상이 이미 새로운 국면에 접어들었을지도 모른다.

트럼프 게임 '포커'의 최적해(最適解)가 발견되었다. 인간은 컴퓨터를 이길 수 있었다. 컴퓨터와 인간의 대결이라고 하면 체스의 왕자로 불리던 가리 카스파로프(Garry Kasparov)를 이긴 '딥블루(Deep Blue)', 체커(Checkers) 세계 챔피언 매리언 틴즐리(Marion Tinsley)를 꺾은 '치누크(Chinook)'가 떠오른다. 그러나 포커는 두 가지 의미에서 결정적으로 다르다.

첫째, '인간을 이긴' 게 아니라 '해(解)를 얻었다'는 점이다. 체스 특화 인공지능 컴퓨터 딥블루는 앞으로 더욱 강력한 체스 왕자가 나타나면(아마도 없겠지만), 다시 인간에게 패배할 수도 있다. 하지만 포커는 최적해가 나왔다. 이제 아무리 강적이 나와도 패배할 리 없다.

둘째, 게임의 본질적 차이다. 체스와 체커는 상대방의 말이 모두 자기에게 보이는데, 포커는 상대방이 무슨 패를 쥐고 있는지 알 수 없다. 이처럼 정보가 완전히 개시되지 않은 게임을 '불완전 정보 게임'이라고 한다. 인간 사회에서 거래는 기본적으로 불완전 거래 게임이다. 불완전 정보 게임의 해를 얻은 건 최초다.

그렇다면 어떻게 포커의 해를 얻었을까? 수학 해법에는 크게 '아름다운 증명'과 '아름답지 않은 증명', 이렇게 두 종류가 있다. 예를 들어, 자연수 1부터 100까지 중에서 짝수의 개수를 구하려면 100÷2를 해 50개라고 해를 구해도 좋지만, 1부터 100까지 하나하나 세어서 검증하는 방법도 있다. 이 경우 전자는 '아름다운 증명'이고, 후자는 '아름답지 못한 증명'이다.

당연히 수학자는 전자의 '아름다움'을 추구한다. 하지만 이번 해법은 후자에서 얻었다. 포커의 방정식을 '아름답게 풀기'란 수학적으로 불가능하기 때문이다. 다만 포커의 경우 후자의 '돌을 하나하나 뒤집어보는 작전'에는 커다란 난제가 있다. 확인해야 하는 트럼프 조합이 너무 많다. 가장 단순한 둘이서 하는 '텍사스 홀덤(Texas hold'em)' 규칙조차 32경 개의 패턴이 나오니 슈퍼컴퓨터라고 해도 몇천 년분의 계산이 필요하다. 논리적으로는 계산할 수 있어도 현실적인 문제로 돌을 하나하나 뒤집어보는 작전은 적합하지 않다. 그래서 기존 연구자들은 '풀이'를 빠르게 포기하고, 대신 인공지능(AI)을 교육해 강하게 만드는 전략을 시험했다.

앞에서 소개한 '돌을 하나하나 뒤집어보는 작전이 성공했다'라는 이번 발표는 학계에 놀라움을 안겼다. 캐나다 앨버타대학교 마이클 볼링(Michael Bowling) 교수 연구팀은 2015년 1월 《사이언스》에 발표한 논문에서 계산에 공을 들여 트럼프 조합의 수를 실질적으로 14조 개까지 줄이는 데 성공했다고 밝혔다. 그리고 '어떠한 상황에서 어떻게 결단을 내리면 실패를 줄일 수 있을까?'를 기준으로 최적의 대처법을 찾아냈다.

이 획기적인 알고리즘이 효과를 발휘했다. 매초 60억 개 이상의 패턴을 만들어내는 CPU 4,800개를 67일 동안 총동원해 최적화해서 계산을 마쳤다. 계산 결과는 11TB 하드디스크에 저장되었다. 이 저장 데이터는 만능 '사전'인 셈이다. 이 데이터를 참조하며 포커 게임을 진행하면 세상에 적수가 있을 수 없다. 물론 포커는 가위바위보와 비슷한 확률적 게임이라서 한 회 한 회 게임에서 질 수 있다. 하지만 포커를 끝내지 않고 계속 반복하면 총획득 금액으로 손해 볼 일은 없다.

계산 능력에 집중해 포커를 풀어냈다. 이렇게까지 집요하게 물고 늘어져 인류의 우아한 '놀이'를 초라하게 만들 필요가 있는지는 제쳐두고, 이 접근법은 경제와 정치 교섭에도 응용 가능하다고 한다. 포커로 인해 인간 사회의 양상이 새로운 국면에 접어들었을 수도 있다.

심리실험 51

자신에 대한 다른 사람의 외모 평가보다 자기 외모 평가가 평균 34퍼센트 높은 뇌과학적 이유는?

플로리다 임상 및 미용연구센터 네스터 박사팀의 '자기 평가 선호도 실험'

텔레비전 광고의 진정한 의미는 '친숙한 대상에 안도감을 느낀다'는 무의식적 심리를 자극하는 것이다. 반복해서 접한 대상을 낯선 대상보다 호의적으로 평가하는 본능은 생존에 유리하게 작용한다. 광고는 진화론적으로 보증된 이 심리를 이용한 마케팅 수단이다.

미국 플로리다 임상 및 미용연구센터 네스터 박사 연구팀은 67명의 참가자에게 얼굴 사진을 보여준 뒤 점수를 매겨달라고 요청했다. 사진에는 참가자 본인의 얼굴도 섞여 있었다. 결과는 다른 사람이 매긴 평가보다 자기 평가가 평균 34퍼센트 높았다. 자기 외모를 실제보다 높게 평가하는 경향이 증명된 셈이다. 그런데 젊은 사람일수록 자기 평가가 높았다. 나이 먹을수록 자기 얼굴에 익숙해져 단순 접촉 현상이 강화될 것 같은데, 반대로 자기 평가가 실제에 가깝게 축소되었다.

"왜 텔레비전에 광고를 내보낼까?"라고 물으면 "인지도를 높이기 위해서"라고 대답하는 사람이 많다. 하지만 진짜 목적은 이것이 아니다. 돈 내고 광고하는데 이름을 인지시키는 것만으로는 부족하다. 소비자가 지갑을 열어 상품을 사줘야만 광고의 목적을 달성할 수 있다. 광고 제작과 방영 비용을 메워줄 매출이 일어나지 않으면 경제학적으로는 광고 효과가 있다고 할 수 없다.

그다음으로 듣는 대답은 "구매 욕구를 자극하기 위해서"다. 그러나 실제로 광고를 보고 갖고 싶다고 직접 자극받는 사례는 의외로 매우 적다. 왜냐하면 광고를 진지하게 보는 사람이 드물기 때문이다.

광고의 진정한 의미는 단순 접촉 현상에 있다. '친숙한 대상에 안도감을 느낀다'는 무의식적 심리를 이용하는 것이다. 예를 들어, 마트 선반에 품질과 가격이 같은 상품 A와 B가 진열되어 있을 때 다수의 소비자는 듣도 보도 못한 상품 B보다 광고에서 몇 번 접한 상품 A(또는 그 브랜드 이름)를 선택한다.

눈에 익은 대상에 호감을 느끼는 경향은 동물의 기나긴 진화 과정에서 형성된 본능이다. 예전에 본 적 있는 대상은 나에게 파괴적 악영향을 줄 가능성이 낮다. 왜냐하면 내가 살아 있기 때문이다. 나를 잡아먹거나 살해할 법한 상대라면 지난번에 만났을 때 이미 피해자가 되었을 것이다. 아무런 피해 없이 무사했고 별 탈 없었기에 지금 내가 멀쩡하게 살아 있다. 그러니 안전할 가능성이 높다. 결국 반복해서 접한 대상을 낯선 대상보다 호의적으로 평가하는 본능은 생존에 유리하게 작용한다. 광고는 이 진화론적으로 보증된 심리를 이용한 마케팅 수단이다.

단순 접촉 현상은 우리 일상의 다양한 상황에서 볼 수 있다. 가령 가족과 지인에게는 생판 모르는 남보다 친근감을 느낀다. 또 '정붙이고 살면 고향'이라는 말처럼 연고가 없는 곳도 살다 보면 차츰 정이 들고 애착심이 생긴다.

그런데 나에게 가장 익숙한 대상은 바로 내 얼굴이다. 매일 아침 세면대 거울에서 만날 수 있다. 이 정도로 자주 만나면 단순 접촉 현상으로 자기 외모에 높은 점수를 주는 것도 이상하지 않다. 그러나 "자기 얼굴에 만족하지 못하는 사람도 수두룩하다"라고 반론을 제기하는 사람도 있을 것이다. 그러나 여기서 핵심은 내가 내 얼굴에 내리는 '주관적 평가'와 남이 내 얼굴에 내리는 '객관적 평가'에 차이가 있느냐 하는 것이다. 미국 플로리다 임상 및 미용연구센터의 네스터(Nestor) 박사 연구팀은 이에 대해 연구했다.

연구팀은 67명의 참가자에게 얼굴 사진을 차례차례 보여준 뒤 점수를 매겨달라고 요청했다. 사진에는 참가자 본인의 얼굴도 섞여 있었다. 결과는 예상대로였다. 다른 사람이 매긴 평가보다 자기 평가가 평균 34퍼센트 높았다. 자기 외모를 현실보다 높이 평가하는 경향이 증명된 셈이다.

이 연구 결과에서 재미있는 부분은 젊은 사람일수록 자기 평가가 높다는 사실이다. 나이를 먹을수록 자기 얼굴에 익숙해져 단순 접촉 현상이 강화될 것 같은데, 반대로 자기평가가 실제 자신에 가깝게 축소되었다. 너 자신을 알라……. '어른이 된다'는 건 나 자신을 알아가는 과정일지도 모른다.

심리실험 52

농담은 '상대방보다 우위에 서는 전략'으로 효과를 발휘한다?

**위스콘신대 칸토어 교수의
'농담 효력 조사'**

사실 농담은 상대방보다 우위에 서는 전략으로 효과를 발휘한다. 미국 위스콘신대학교 매디슨 캠퍼스의 제이슨 칸토어 교수는 학생들에게 두 가지 농담을 제시하고 어느 정도 재미있는지 점수를 매기도록 했다. 그 결과, 농담을 받아들이는 방식에 남녀 차가 있었다. 남성은 남성이 우위를 차지한 농담을 더 재미있다고 느끼고 동성이 개그 대상이 되면 불쾌하게 받아들였다.

미국 소설가 세라 오언 주잇은 "즐거운 이야기에는 반드시 불성실과 부도덕이 포함되어 있다"라고 말했다. 영국의 철학자 토머스 홉스는 "유머는 자기보다 못한 대상에게 느끼는 우월감에서 탄생한다"라고 지적했다. 농담을 교묘하게 잘 활용하면 우위를 차지하는 강력한 무기가 될 수 있다.

잡지에서 '농담을 잘하는 사람이 출세한다'라는 특집 기사를 본 적이 있다. 무척 흥미로운 내용이라서 인터넷으로 검색해 봤더니 농담의 효능을 주장하는 기사가 많았다. 기사들을 나름대로 분석했더니 두 가지로 정리되었다.

① 농담은 주위 분위기를 부드럽게 만들어 사람들에게 활기를 준다. 웃음은 직장 내 결속력을 다지고 실적을 높인다. 이렇게 농담으로 화기애애한 분위기를 만들 줄 알고 단합력을 강화하는 사람은 사내에서 신망이 두텁다.
② 농담은 세련된 계기에서 탄생한다. 농담을 잘하는 사람은 풍부한 지식과 지혜를 겸비해 출세할 가능성이 높다.

두 가지 주장 모두 설득력이 있다. ①은 뇌의 관점에서도 농담과 웃음에 일정한 효능이 있다는 사실이 확실히 밝혀진 셈이다. 하지만 굳이 따지자면, 두 가지 주장 모두 농담의 중요한 측면을 간과했다. 불합리한 점이라서 굳이 설명을 피했을 수도 있다. 사실 농담은 상대방보다 우위에 서는 전략으로 효과를 발휘한다.

농담의 효능에 관해서는 심리학 분야에서 옛날부터 연구가 이루어졌다. 미국 위스콘신대학교 매디슨 캠퍼스의 제이슨 칸토어(Jason R. Cantor) 교수는 설문 조사를 통해 학생들에게 두 가지 질문을 제시하고, 이 농담들이 어느 정도 재미있는지 점수를 매기도록 했다. 예를 들면 이런 농담이다.

> 자서전을 출간한 남자 배우에게 어떤 여자 배우가 말했다.
> "이번에 대필해서 내신 책 봤어요. 재밌더라고요!"
> 남자 배우가 대답했다.
> "재밌게 읽어주셨다니 감사합니다! 그런데 누구한테 읽어달라고 하셨나요?"

대필로 낸 책이라는 사실을 여자 배우에게 지적당한 남자 배우가 독서와 담쌓고 사는 그녀에게 일침을 날린 셈이다. 또 다른 예는 남녀를 뒤바꾼 대화였다. 이번에는 여자 배우가 남자 배우에게 독설을 날리며 끝맺었다.

설문 조사 결과, 두 농담을 받아들이는 방식에 남녀 차가 있음이 밝혀졌다. 남성은 전자, 즉 남성이 우위를 차지한 농담을 더 재미있게 느끼고 동성이 개그의 대상이 된 후자를 불쾌하게 받아들였다.

이 결과는 논리적으로 이해할 수 있다. 예전에 미국의 라스

베이거스 극장에서 코미디를 관람한 적이 있는데, 텔레비전이 고장 나는 장면이 나왔다. 몇 번이나 리모컨을 조작했는데 텔레비전은 아무런 반응이 없었다. 그러자 주인공이 리모컨을 가리키면서 관객석을 향해 이렇게 외쳤다.

"It's a Sony."

당시 방영 중이던 일본 가전제품 광고의 유명한 대사였다. 극장 안 관객들은 깔깔대며 배꼽 빠지게 웃었다. 나도 배우의 능청스러운 연기에 웃었지만 속으로는 일본이 무시당하는 듯해 유쾌하지 않았다. 하지만 극장 안 분위기가 달아올라 항의할 도리도 없고, 웃음소리가 커질수록 씁쓸한 기분이다가 마침내 열등감까지 들었다.

미국의 소설가 세라 오언 주잇(Sarah Orne Jewett)은 "즐거운 이야기에는 반드시 불성실과 부도덕이 포함되어 있다"라고 말했다. 영국의 철학자 토머스 홉스(Thomas Hobbes)는 "유머는 자기보다 못한 대상에 느끼는 우월감에서 탄생한다"라고 지적했다. 정말로 농담은 대상을 상대적으로 비하하는 힘이 있다. 직접적으로 모욕을 퍼부어 망신을 주면 분위기가 싸늘해지며 주위의 반감을 살 수 있지만, 교묘하게 활용하면 우위를 차지하는 강력한 무기가 될 수 있다.

이런 관점에서 '농담을 잘하는 사람은 출세한다'를 고찰하면 숨겨진 진의가 새록새록 눈에 들어온다.

심리실험 53

어떤 상황에서도 절대 지지 않는 가위바위보 필승법이 어떻게 가능할까?

**도쿄대 이시카와 교수팀의
'100퍼센트 확률로 이기는 가위바위보 로봇 개발'**

5판 승부의 가위바위보 게임에서는 첫판에 보자기, 다음에 '바위→가위→보자기' 순으로 내면 좋다. 비겼을 때는 다음에 '바위→보자기→가위'로 낸다. 단순한 전략 같지만 승률이 50퍼센트가 넘는다.
가위바위보 필승법은 뭐니 뭐니 해도 '나중에 내기'다. 도쿄대학교 이시카와 와타나베 교수 연구팀은 나중에 내기 전략을 이용해 100퍼센트 확률로 이기는 로봇을 개발했다. 사람이 가위바위보 '형상'을 만들 때 손가락 관절의 미묘한 움직임을 1,000분의 1초 속도로 모니터해 그 수에 이기는 손을 '나중에 내는' 전략이다.
로봇은 순발력이 탁월해 실제로는 상대방이 가위바위보 손 모양을 만들기 전에 이기는 수를 낸다. 그래서 엄밀하게 따지면 '먼저 내기'다. 물론 사람은 로봇처럼 빠른 속도로 판단할 수 없어 이 전법을 구사할 수 없다.

5판 승부의 가위바위보 게임에서는 첫판에 보자기, 다음에 '바위→가위→보자기' 순서로 내면 좋다. 다만 비겼을 때는 다음에 '바위→보자기→가위'로 낸다. 단순한 전략 같지만 승률이 50퍼센트를 넘는다.

가위바위보와 비슷한 놀이가 세계 곳곳에 있다. 하지만 그 형태가 '바위 vs. 철 vs. 종이' 형태로 정착한 지역은 많지 않다. 동아시아 국가에 가장 많이 보급되어 있다. 미국과 영국에서도 자주 사용하는데, 러시아와 북유럽, 서아시아와 중남미 국가에서는 주류에 편입되지 못했다.

가위바위보는 동아시아가 발상지라고 상상할 수 있다. 흥미롭게도, 오스트리아 빈대학교 제프 린하르트(Sepp Linhart) 교수는 가위바위보가 일본에서 만들어졌다고 주장한다. 가위바위보 탄생 시기도 '에도 말기'라고 특정한다. 일본에서 가위의 바탕이 된 금속 재질 가위는 에도 말기에 보급되었다. 듣고 보니 시기가 일치한다.

가위바위보 필승법은 뭐니 뭐니 해도 '나중에 내기'다. 이 방법이 최강이다. 도쿄대학교 이시카와 와타나베(石川渡辺) 교수 연구팀은 나중에 내기 전략으로 100퍼센트 확률로 가위바위보에서 이기는 로봇을 개발했다. 사람이 가위바위보 '형상'을 만들 때 손가락 관절의 미묘한 움직임을 1,000분의 1초 속도로 모니터한다. 상대방이 어떤 것을 낼지 최대한 빠른 속도로 판별해, 그 수에 이기는 손 모양을 '나중에 내는' 전략이다. 눈 깜짝할 사이 벌어지는 일이라서 사람은 무슨 일이 일어났는지 알 수 없다. 그저 내가 어떻게 해도 가위바위보에 진다고 느낄 뿐이다.

로봇은 순발력이 탁월하다. 실제로 로봇은 상대방이 가위바위보 손 모양을 만들기 전에 이기는 수를 낸다. 그래서 엄밀하게 따지면 '먼저 내기'다. 물론 사람은 로봇처럼 빠른 속도로 판단할 수 없어 이 전법을 현실에서 구사할 수 없다.

그렇다면 관점을 바꿔보자. 바위, 가위, 보자기의 분포가 3분의 1로 균등해지지 않는다는 사실에 주목한다. 일본 오비린대학 요시자와 미쓰오(芳沢光雄) 교수의 연구에 따르면, 가위를 내는 확률은 31.7퍼센트로 다른 수보다 약간 낮다. 이는 해부학적으로도 이치에 맞는다. 가위 모양은 만들기 어렵기 때문이다. 주먹과 보자기는 젖먹이도 할 수 있지만, 가위는 대략 두 살부터 할 수 있다. 즉, 승부에서는 보자기를 내면 약간 유리하다.

5판 승부 등 이어지는 게임에서는 상황이 복잡해진다. 반대로 복잡한 만큼 사람의 무의식적 습관도 그대로 반영되어 승

기를 잡을 수 있다. 중국 저장(浙江)대학교 왕즈셴(王志賢) 교수가 이끄는 연구팀은 가위바위보를 계속할 때, 어떤 수를 내기가 쉬운지 해독했다. 데이터에 따르면, 2회 연속 같은 수를 내는 확률은 50퍼센트가 넘는다. 특히 이기거나 비기면 같은 수를 내려고 집착하는 경향이 있다. 반면, 지면 수를 바꿀 확률이 70퍼센트로 높아진다. 바꿀 때는 해당 승부에서 '냈어야 했던 수', 즉 '원래라면 이겼을 수'로 바꾸는 사람이 많다. 예를 들어, 바위를 내서 졌다면 다음에는 상대방의 보자기에 이기는 가위를 내는 경향이 있다.

일반적으로 사람은 현재 상황에 문제가 없으면 '지금' 상태를 유지하려는 경향이 있다. 일이 잘 풀릴 때 굳이 상황을 변경하면 위험을 감수해야 한다. 그래서 이기거나 비기면 현재 상황을 유지하는 데 집중한다. 반대로 잘 풀리지 않았을 때는 현재 상황을 타개하려고 대응책을 짜낸다. 대응책의 기본은 '반성'이다. 즉, '원래 내야 했던 선택'으로 궤도를 수정한다. 가위바위보 연구에서 부상한 경향은 이 심리와 딱 맞아떨어진다.

이런 심리를 이용해 이기는 작전이 앞에 소개한 방법이다. 곰곰이 다시 읽어보면 얼마나 합리적인 전략인지 이해할 수 있다. 가위바위보는 단순한 규칙이라서 사람의 심리가 아슬아슬하게 보이기도 하고 숨길 수도 있다. 그것이 가위바위보의 매력이기도 하다.

심리실험 54

국경과 인종을 초월해 혈액형이 가장 중요한 자살 요인이라고?

카롤린스카연구소 발그렌 박사팀의 '말라리아와 혈액형 관계 연구'

스웨덴 카롤린스카연구소 마츠 발그렌 박사 연구팀은 O형은 말라리아에 강하고 A형은 약하다는 메커니즘을 밝히는 연구에 착수해 A형이 말라리아에 걸리면 중증화하기 쉽다는 사실을 밝혀냈다.
헤모글로빈 유전 변이로 적혈구가 변이하는 '낫 모양 적혈구 빈혈증' 환자는 말라리아에 특히 강하다.
적혈구가 낫 모양으로 변이하면 모세혈관을 막기 쉬워 산소를 효율적으로 운반할 수 없다. 서아프리카 인구 약 10퍼센트가 이 질환을 앓는데, 말라리아에 잘 걸리지 않는다는 이점이 산소 운반에 불리한 조건을 보충해준다. 말라리아에 걸린 적혈구가 혈관을 막는 이유는 아열대 말라리아 원충이 분비하는 'RIFIN'이라는 단백질이 적혈구 표면에 결합해 적혈구끼리 쉽게 응집하기 때문이다. A형 항체는 적혈구에 있는 RIFIN과 결합하기 쉬워 뇌 혈류가 저하되고 증상이 악화된다.

스웨덴 카롤린스카연구소 마츠 발그렌(Mats Wahlgren) 박사 연구팀이 2015년 《네이처 메디신(Nature Medicine)》에 발표한 연구 결과에 따르면, 혈액형 A형은 말라리아에 걸리면 중증화하기 쉽다.

말라리아가 창궐하는 나이지리아에서 O형은 웬만해선 중환자실에 들어갈 정도로 상태가 나빠지지 않는다는 주장이 제기되었다. O형은 말라리아에 강하고, A형은 약하다. 연구팀은 이 메커니즘을 해명하는 연구에 착수했다.

말라리아에 강한 체질이 따로 있다. 바로 '낫 모양 적혈구 빈혈증(sickle-cell anemia, 겸상 적혈구 빈혈증)'이다. 정상적인 적혈구는 햄버거에 들어가는 패티처럼 납작한데, 이 병은 이름처럼 적혈구가 낫 모양, 즉 초승달 모양으로 변형된다. 헤모글로빈 유전 변이로 적혈구가 변이하는 질환이다.

적혈구가 변이하면 몸속에서 잘 제거되지 않고, 무엇보다 낫처럼 생긴 모양 때문에 모세혈관을 막기 쉽다. 다시 말해, 정상적인 혈액과 비교하면 산소를 효율적으로 운반할 수 없다. 당연히 생존에 불리한데, 서아프리카에서는 인구의 약 10퍼센트가 이 질환을 앓고 있다. 말라리아에 잘 걸리지 않는다는 이

점이 산소 운반에 불리하다는 조건을 보충해주고도 남기 때문일 것이다.

말라리아에 잘 걸리지 않는 이유는 이미 해명되었다. 말라리아 원충은 단세포 생물이다. 모기를 매개로 사람에게 감염되고 적혈구 속에서 증식한다. 특히 아열대 지역에서 말라리아 원충은 위험하다. 말라리아 원충에 감염된 적혈구는 혈관에 쉽게 부착되어 혈류가 저하된다. 뇌 혈류가 저하되면 혼수상태나 뇌 손상을 일으키고, 때로는 목숨을 위협할 수도 있다.

그런데 낫 모양 적혈구가 말라리아에 걸리면 이야기가 달라진다. 적혈구가 더 뾰족한 낫 모양으로 변형되면 결국 형태를 유지할 수 없어 파열해 자연 소멸한다. 그래서 원충은 증식할 수 없다. 이것이 말라리아 저항성의 이유다.

발그렌 교수 연구팀은 말라리아에 걸린 적혈구가 혈관을 막는 이유를 분석했다. 원인으로 'RIFIN'이라는 단백질을 지목하는 데 성공했다. RIFIN은 아열대 말라리아 원충이 분비하는데, 이 물질이 적혈구 표면에 결합하면 접착제처럼 작용해 적혈구끼리 응집하기 쉬워지고 혈관이 잘 막힌다. 연구팀은 연구를 계속해 A형 항체가 적혈구에 있는 RIFIN과 결합하기 쉽다는 사실까지 밝혀냈다.

혈액형은 제9염색체에 존재하는 유전자로 결정된다. 이는 적혈구 표면의 단백질에 '당'을 연결하는 효소다. 이 효소의 차이로 A형은 A형 특유의, B형은 B형 특유의 당 사슬이 적혈구에 얽힌다. 쉽게 말해, 적혈구 표면의 '거친 정도'에 따라 차이가 발생한다.

RIFIN은 이 차이를 인식해 A형 당 사슬에 결합해 뇌 혈류가 저하되고 증상이 악화된다. 참고로, 혈액형에 따라 적혈구 표면의 거친 정도에 차이가 있다면 당연히 말라리아에 걸리지 않은 정상적인 상태에서도 혈류 흐름에 영향을 줄 법하다. 만약 뇌 혈류가 혈액형에 따라 달라진다면, 혈액형에 따라 '성격'이 달라져도 그리 이상하지 않다.

미국 자살연구센터의 데이비드 레스터(David Lester) 박사는 선진국 17개국을 대상으로 자살자에 관한 방대한 정보를 분석했다. 나이와 이혼, 알코올 중독 등 어떠한 요인이 자살로 이어졌는지 해독했더니 국경을 초월해 '혈액형'이 가장 보편적인 요인이었다. O형은 자살률이 낮았다.

과학적 근거가 없다며 웃어넘기는 '혈액형 성격 판단'이 의외로 뇌와 깊은 연관이 있을 수도 있다. 정확한 조사를 위해서는 후속 연구가 필요하다.

심리실험 55

인간이 다른 동물과 달리 엄지손가락을 반대 방향으로 향한 채 힘을 줄 수 있는 기묘한 관절을 발달시킨 까닭은?

**켄트대 스키너 교수팀의
'인간 무지대향성 입증 연구'**

현생 인류에 가장 가까운 근연종은 침팬지 등의 고등 영장목이다. 유전자가 98퍼센트 이상 일치한다. 그러나 사람은 체모가 없고, 표정이 풍부하며, 언어를 쓸 줄 알고, 손재주도 야무지다. 침팬지는 겉모습과 재능에서도 사람과 큰 격차가 있다. 그런데 사람의 엄지손가락은 다른 네 손가락과 반대 방향으로 움직일 수 있는 '무지대향성(拇指對向性)'이라는 특징을 지닌다. 그렇다면 무지대향성은 진화 과정에서 발생했을까? 이 문제는 오랫동안 수수께끼에 싸여 있었다. 그러나 영국 켄트대학교 매슈 스키너 교수 연구팀은 마침내 남아프리카공화국 스테르크폰테인 동굴에서 발견된 오스트랄로피테쿠스 화석을 정밀하게 조사해 그들이 무지대향성을 가지고 있었음을 밝혀냈다.

나는 남아프리카공화국 요하네스버그 교외에 있는 스테르크 폰테인 동굴을 방문하는 게 꿈이었다.

'나는 누구인가?'라는 의문에 대한 탐구에는 두 가지 측면이 있다. 하나는 자기 내면을 파고들며 '내' 본질을 탐구하는 철학적 열망이고, 또 하나는 자기 조상의 뿌리를 거슬러 올라가며 '나'의 근원을 탐구하고 싶다는 생물학적 열망이다.

나는 후자의 열망이 강했다. 뇌 연구를 20년 이상 해온 결과, '나의 실체'는 딱히 해독할 가치가 없는(혹은 해독 불가능한) 가상 환상이라고 느끼기 시작했다. 그래서 내 출생의 근원인 뿌리를 찾아 나섰다. 나의 관심 대상은 100년, 1,000년 단위보다 훨씬 먼 옛날, '우리 인류가 어디서 탄생했는가?'였다.

현생 인류에 가장 가까운 근연종은 침팬지 등의 고등 영장목이다. 인류와 침팬지는 유전자가 98퍼센트 이상 일치한다. 그러나 사람은 체모가 없고, 표정이 풍부하며, 언어를 쓸 줄 알고, 손재주도 야무지다. 침팬지는 겉모습과 재능에서도 사람과 큰 격차가 있다.

동물에서 사람으로 갑자기 점프한 현상을 진화론적으로는 고려할 수 없기에, 과학자들은 상당히 옛날부터 사람과 고

등 영장목 사이에 '잃어버린 가교'가 있다고 상정했다. 그런데 1924년 스테르크폰테인 동굴에서 오스트랄로피테쿠스(Australopithecus, 남쪽원숭사람=남방사람원숭이)의 화석이 발견되어 그 간격을 메울 수 있었다. 인류의 기원인 이 동굴을 언젠가 방문하고 싶다고 소망했는데, 마침내 그 꿈을 이루었다.

세계유산으로 등록되어 있지만 절대로 멋진 동굴은 아니다. 어디에나 있을 법한 평범한 바위굴이다. 하지만 나에게는 특별하다. 동굴에 있는 바위를 의자 삼아 걸터앉아 300만 년 전 여기서 펼쳐졌던 그들의 생활을 상상하니 구름 위를 거니는 듯 최고로 행복했다.

손가락으로 'OK 사인'을 만들어보자. 엄지손가락과 집게손가락의 '옆면'이 맞닿아 고리 모양이 만들어지는 이 사소한 동작이 사실은 매우 특별하다. 이 동작은 오직 사람만 할 수 있다. 가령 발가락으로 OK 사인을 만들 수 있을까? 할 수 없다. 그 이유가 뭘까?

사람의 엄지손가락은 다른 네 손가락과 반대 방향으로 움직일 수 있다. 해부학적으로 말하면, 이른바 '무지대향성(拇指對向性)'이다. 동물계에서 보면 사람의 손은 '기형'이다. 엄지손가락을 반대 방향으로 향한 채 힘을 줄 수 있는 기묘한 관절을 발달시켰다. 그런데 이 기묘한 변이 덕분에 나사를 조이거나, 바늘에 실을 꿰거나, 젓가락질하거나, 스마트폰을 조작하는

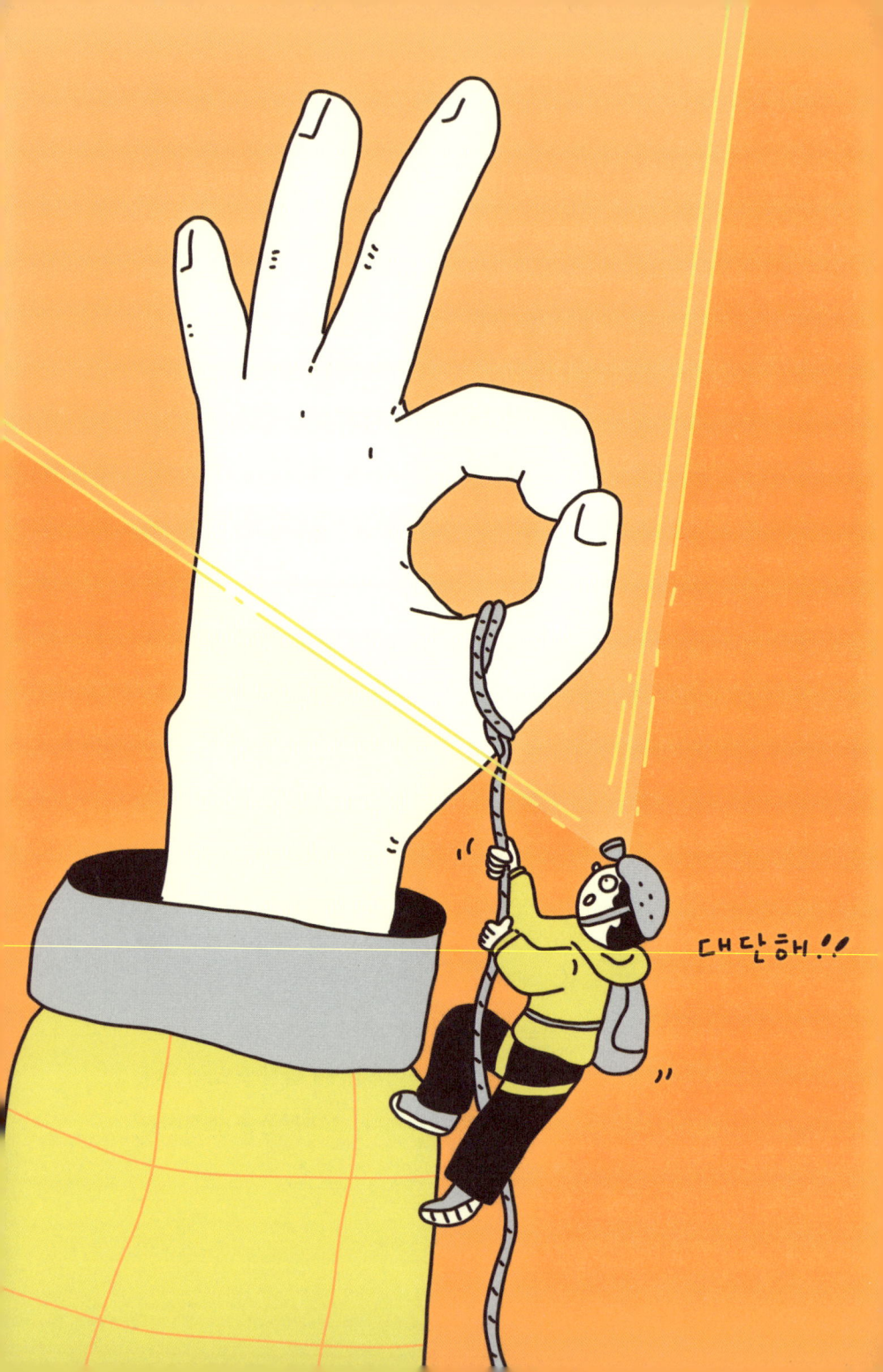

등 사람다운 작업을 할 수 있다. 도구가 도구로서 기능을 발휘할 수 있는 건 무지대향성 덕분이다.

그렇다면 무지대향성은 진화 과정에서 발생했을까? 이 문제는 오랫동안 수수께끼에 싸여 있었다. 그런데 2015년 1월 《사이언스》에 실린 논문에서 영국 켄트대학교 매슈 스키너(Matthew M. Skinner) 교수 연구팀은 오스트랄로피테쿠스 화석을 정밀하게 조사해 그들이 무지대향성을 가지고 있었음을 증명했다. 상식을 뒤집은 이 발견은 학계가 술렁일 정도로 충격을 주었다.

언어가 먼저인가, 도구가 먼저인가? 300만 년 전, 인류는 대화를 시작하기 전에 원시적인 수공예를 먼저 발달시켰을 수도 있다.

심리실험 56

지구상에 존재하는 나무 수가 우리은하 별 수보다 10배 더 많다는데?

**일리노이대 크라우서 교수팀의
'전 세계 수목 수 측정 프로젝트'**

미국 일리노이대학교 토머스 크라우서 교수 연구팀이 전 세계 수목의 수를 알아보기 위한 국제 프로젝트를 발족해 50여 개국, 43만 개소를 조사한 결과 약 3조 그루로 추정되었다. 수목의 거의 절반은 예상대로 열대우림에 분포하는데, 뜻밖에 툰드라 등의 북극권에도 수목이 많다. 이 지역에는 가지를 옆으로 펼치기보다 위로 크게 자라는 거목이 많아 수목의 밀도가 세계 최고 수준에 달한다.

그런데 벌채로 수목이 감소하고 있다. 수목의 수는 인간 문명이 시작된 이후 1만 2,000년 동안 약 46퍼센트 감소했다. 동남아시아 국가에서는 과거 45년 사이 삼림의 약 43퍼센트가 벌채로 사라졌다. 현재도 전 세계에서 매년 150억 그루가 벌채되는데, 이런 속도가 계속되면 200년 후에는 수목이 완전히 없어질 수도 있다.

지구상에는 나무가 몇 그루나 있을까? 미국 일리노이대학교 토머스 크라우서(Thomas W. Crowther) 교수 연구팀은 전 세계 수목의 수를 알아보기 위한 국제 프로젝트를 발족했다. 여기서 말하는 '수목'이란 줄기 지름이 10센티미터 이상 되는 교목을 말하며, 유목(幼木)과 관목(灌木)은 대상에서 제외된다. 연구팀은 50여 개국 43만 개소를 꼼꼼히 조사해서 전 세계 수목의 총수를 추정한 결과 약 3조 그루라고 2015년 9월《네이처》에 발표했다.

약 3조 그루라니……. 상상이 가지 않는 숫자다. 우리은하 별의 수보다 10배 정도 많다고 하면 좀 더 감이 잡힐까? 기존에는 어림잡아 4,000억 그루라고 추산했는데, 자릿수가 다른 결과가 나왔다. 지구는 상상 이상으로 '초록'으로 뒤덮인 별이다.

수목의 거의 절반은 예상대로 열대우림에 분포하는데, 뜻밖에 툰드라 등의 북극권에도 수목이 많았다. 이 지역에는 옆으로 가지를 펼치기보다 위로 크게 자라는 거목이 많아 수목의 밀도가 세계 최고 수준에 달해 예상 밖으로 많은 수목이 분포해 있었다.

'수목이 많다'는 연구 결과는 예상을 뒤엎은 반가운 소식이지만, 마냥 기뻐할 수 없는 사실도 함께 밝혀졌다. 벌채로 수목이 감소하는 속도다. 수목의 수는 인간의 문명이 시작된 이후 1만 2,000년 동안 46퍼센트 감소했다. 현재도 매년 150억 그루가 벌채되는데, 이런 속도가 계속되면 단순 계산으로 200년 후에는 수목이 완전히 소멸할 수 있다.

3조 그루를 다른 각도에서 바라보자. 세계 인구가 약 80억 명이니 1인당 수목의 수는 400그루 가까이 된다. 일본인 한 사람이 1년 동안 소비하는 목재는 400그루 정도일까? 목조 건축을 비롯해 나무로 만든 옷장과 책상, 일본 전통 나막신 게타, 일회용 나무젓가락, 그리고 종이 등 벌채된 나무들이 사람들의 생활을 뒷받침해준다. 그리고 일본 내에서 소비되는 목재의 70퍼센트 이상은 수입 목재이며, 일회용 나무젓가락은 무려 97퍼센트가 수입 목재로 만들어진다.

물론 일본 내에서 생산되는 목재도 있다. 도심에서 차량으로 한 시간 정도 달리면 풍요로운 삼림이 펼쳐진다. 일본 국토의 69퍼센트는 삼림이다. 일본의 삼림 비율이 얼마나 독보적인 수준인지는 각국 자료와 비교하면 잘 알 수 있다. '녹음이 우거진 나라'라고 하면 정글이 펼쳐진 아마존강 유역을 포함한 브라질, 드넓은 침엽수림이 펼쳐진 캐나다, 그리고 독일 남서부의 슈바르츠발트 등이 떠오른다. 그런데 국토 비율로만 보면 브라질은 57퍼센트, 캐나다는 33퍼센트, 독일은 31퍼센트 수준이다. 미국은 33퍼센트, 러시아는 30퍼센트, 중국은 22퍼센트, 호주는 21퍼센트, 영국은 12퍼센트다. 삼림 비율이 69퍼센트인 일본은 73퍼센트인 핀란드, 67퍼센트인 스웨덴 등 북유럽 국가들과 맞먹는 삼림 대국이다. 참고로, 한국의 삼림 비율은 약 63퍼센트로, 세계적으로 꽤 높은 편이다.

아시아의 목재 수출 대국인 태국은 37퍼센트, 캄보디아는 56퍼센트다. 이번 조사로 이들 동남아시아 국가에서는 과거 45년 사이 삼림의 43퍼센트가 벌채로 사라졌다는 사실이 밝혀졌다. 즉, 일본인은 자국 목재에 손대지 않고 해외 무분별한 삼림 벌채에 의존해 나무로 만든 집부터 가구, 일상 집기까지 '고풍스러운 목재 문화생활'을 유지해온 셈이다.

심리실험 57

사람의 가마 90퍼센트가 '왼쪽으로 돌아가는 모양'인 흥미로운 이유는?

**도쿄대 이케가야 교수의
'가마가 좌우 대칭이 아닌 이유에 관한 고찰'**

눈, 귀, 콧구멍, 손, 발은 정중앙의 선을 따라 좌우로 균등하게 한 쌍씩 있다. 그런데 가마의 방향은 반드시 좌우 대칭이 아니다. 이는 '털이 자라는 방향'과 관련 있다. 머리카락이 옆에 붙어 있는 머리카락과 같은 방향으로 자라기 때문에 가마가 생긴다. 가마는 여러 방향으로 몰려온 머리카락의 흐름이 합류하는 소용돌이 형태의 특이점이다.

가마는 머리가 곡면이기에 자연스럽게 발생하는 현상이다. 가마가 머리 꼭대기에 있는 사람보다 '비뚤어진' 사람이 대부분이다. 가마가 두 개 이상 있는 사람도 10퍼센트나 된다.

가마는 '왼쪽으로 돌아가는 모양'인 사람이 90퍼센트다. 이 편향성을 근거로 가마의 방향이 유전자로 결정된다고 추정하는 연구자도 있다. 가마가 '왼쪽으로 돌아가는 사람'의 절반 정도는 왼손잡이다.

세계는 좌우 대칭 물체로 가득 차 있다. 태양과 에베레스트산처럼 거대한 물체부터 단풍잎과 눈 결정처럼 미세한 입자에 이르기까지 무수히 많은 물체가 존재한다. 친숙한 세계로는 우리 몸이 있다. 눈, 귀, 콧구멍, 손, 발은 정중앙의 선을 따라 좌우로 균등하게 한 쌍씩 갖춰져 있다.

그래서일까? 좌우를 구별하기 어려울 때가 있다. 성장 과정을 보면 잘 알 수 있다. 초등학교에 들어갈 무렵 되어야 몸 왼쪽과 오른쪽을 제대로 식별할 수 있다. 초등학교 5학년도 마주 본 친구의 왼쪽과 오른쪽을 알아맞히는 데 애를 먹는다. 중학교에 들어갈 무렵이 되어야 성인의 인식 수준에 도달한다.

사실 어른도 좌우 구별에 애먹는 사람이 있다. 오른쪽으로 돌라고 했는데 왼쪽으로 돌거나 왼손으로 오른쪽을 가리키라고 하면 헷갈려서 머뭇거리는 사람이 있다. 이런 '좌우맹(左右盲)'은 남성 9퍼센트, 여성 18퍼센트로, 특히 왼손잡이 여성에게서 자주 일어난다. 그러나 의사나 운전사가 좌우 방향을 헷갈리면 중대한 사고로 이어질 수도 있다.

좌우맹은 대뇌피질의 두정부 부근에 있는 '모이랑(angular gyrus)'의 장애로 추정된다. 특히 우반구 모이랑과 깊은 연관이 있다고 한다. 모이랑은 자기 위치를 인식하고 언어로 표현하는 능력과도 관련이 있다. 그런데 우리 몸에는 좌우 대칭이 아닌 부위도 있다. 예를 들어, 위는 좌반신, 간은 우반신으로 내장은 좌우 비대칭이다. 하지만 이는 '지식'으로 알 뿐 대개 실물을 볼 일이 없어서 '신체는 비대칭이다'라는 사실이 실감 나지 않는다.

눈으로 보이는 부분에도 좌우 비대칭 부위가 있다. 바로 '가마'다. 가마의 방향은 반드시 좌우 대칭이 아니다. 그렇다면 가마는 왜 생길까? 머리 전체에 골고루 자라면 좋으련만, 왜 머리카락은 가마를 중심으로 빙글빙글 도는 모양으로 자라날까? 이는 '털이 자라는 방향'과 관련 있다. 머리카락은 옆에 붙어 있는 머리카락과 같은 방향으로 자란다. 그래서 가마가 생긴다.

이해하기 어렵다면 벼가 심어진 넓은 논을 상상해보자. 벼는 땅에서 수직으로 자라지 빙글빙글 소용돌이치며 자라지 않는다. 그런데 강풍이 불면 벼가 옆으로 쏠린다. 이때 벼들은 같은 방향으로 기울지 가마처럼 뱅뱅 돌아가는 모양으로 눕지 않는다.

논이 평지가 아니라 공처럼 생긴 구면이라면 어떨까? 모내기할 때는 '모를 심는 방향'에 맞춰, 즉 이웃한 모끼리 같은 방향으로 기울여서 다음 모를 심어나간다. 이 작업을 구면 전체에 반복하면 반드시 어느 시점에서 아귀가 맞지 않는다. 이렇게 어긋난 부분이 '가마'다. 가마는 여러 방향으로 몰려온 머리카락의 흐름이 합류하는 소용돌이 형태의 특이점이다.

가마는 우리 머리가 곡면이기에 자연스럽게 발생하는 현상이다. 가마가 머리 꼭대기, 즉 정수리에 자리 잡는다는 보장은 없다. 정점에서 비뚤어진 사람이 80퍼센트로, 오히려 '가마가 비뚤어진' 사람이 대부분이다. 가마가 두 개 이상 있는 사람도 10퍼센트나 된다.

자연계에는 닮은꼴이 몇 가지 존재한다. 솔방울을 자세히 보면 나선형으로 빙글빙글 돌아가는 모양이다. 다만 가마와는 결정적 차이점이 있다. 솔방울은 왼쪽으로 돌아가는 솔방울과 오른쪽으로 돌아가는 솔방울이 절반씩 있는데, 아마도 무작위로 방향이 정해지는 모양이다.

사람의 가마는 '왼쪽으로 돌아가는 모양'이 90퍼센트다. 이 편향성을 근거로 가마의 방향이 유전자로 결정된다고 추정하는 연구자도 있다. 나팔꽃 덩굴은 항상 왼쪽으로 휘감고 올라가며 자라는데, 이는 생득적으로 정해진 특징이며 인간의 가마도 이와 마찬가지라는 논거다. 참고로, 가마가 '왼쪽으로 돌아가는 사람'의 절반 정도는 왼손잡이다.

심리실험 **58**

사람은 한 평생 평균 지구 세 바퀴 반 거리를 걷는다고?

**카네기멜런대 콜린스 교수팀의
'보행 시 골격과 근육 운동을 통한 사람의 약점 규명'**

사람은 하루에 얼마나 걸을까? 일본 후생노동성의 '2018년 일본 국민·건강·영양 조사보고'에 따르면, 성인은 1일 평균 6,368보 걷는다. 남성은 6,794보, 여성은 5,942보 걷고, 젊은 사람일수록 잘 걸으며, 40대 이후 서서히 감소한다. 다만 75세 이상도 평균 4,000보 이상 걷는다. 결과적으로, 평생 2억 보, 1만 시간, 14만 킬로미터로 지구를 세 바퀴 반이나 도는 셈이다.

그렇다면 사람의 보행 효율은 완벽할까? 미국 카네기멜런대학교 스티븐 콜린스 교수 연구팀은 최신 기술로 보행 시 골격과 근육 운동을 관찰해 사람의 약점을 규명했다. 다리를 내릴 때 뒤꿈치가 먼저 지면에 닿고 체중을 발끝으로 이동시켜 땅바닥을 밀어내듯 차는데, 이때 소모되는 에너지가 전진 운동으로 원활하게 전환되지 않는다. 따라서 사람의 보행은 아직 최적화되지 않았다.

사람은 보통 하루에 얼마나 걸을까? 일본 후생노동성이 공개한 '2018년 일본 국민·건강·영양 조사보고'에 따르면, 성인의 1일 평균 걸음 수는 6,368보다. 남성은 6,794보, 여성은 5,942보로, 남성이 10퍼센트 이상 많이 걷는다. 체력과 직업은 물론 걷기 편한 신발을 신었는지 등의 문화적 습관도 영향을 미친다고 추정할 수 있다.

나이에 따른 차이도 있다. 젊은 사람일수록 잘 걷고, 40대 이후 보행 거리가 서서히 감소한다. 다만 75세를 넘겨도 평균 4,000보 이상 걷는다는 수치가 나왔다. 결과적으로, 평생 2억 보, 1만 시간을 사용한다는 계산이 나온다. 총 보행 거리는 14만 킬로미터로, 지구를 세 바퀴 반이나 걷는 셈이다.

사람은 '걷는 생물'이라고 해도 지나치지 않을 정도로 진화 과정에서 이족보행에 특화한 골격을 발달시켰다. 네발로 걷는 포유류보다 에너지 효율이 높고, 1킬로미터를 걷는 데 소비하는 에너지는 고작 50킬로칼로리로, 하늘을 비행하는 조류와 맞먹는 연비(주행거리당 에너지 효율)를 자랑한다.

그만큼 장애 등으로 보행에 지장이 생기면 큰 대가를 치른다. 물리치료와 환자 돌봄 분야에서는 다양한 '보행 보조기구'

가 고안되었다. 보행 보조기구 연구는 100년이 넘는 역사를 자랑한다.

건강한 사람이 보행 보조기구를 사용하면 어떨까? 사람의 골격은 수백만 년 진화 과정을 거쳐 이미 보행에 적응했기에 건강한 사람이 보조기구를 장착하면 도리어 보행 효율이 악화하고 쉽게 지친다. 그래서 이 연구 분야에서는 외부 전원을 활용해 보행을 돕는 방식이 일반적이다.

사람의 보행 효율은 완벽할까? 아직 개선의 여지가 있지 않을까? 그런데 이런 상식에 과감하게 도전한 연구자가 있다. 미국 카네기멜런대학교 스티븐 콜린스(Steven H. Collins) 교수 연구팀은 최신 기술로 보행 시 골격과 근육 운동을 면밀하게 관찰해 사람의 약점을 규명했다.

다리를 내릴 때 뒤꿈치가 맨 먼저 지면에 닿는다. 그리고 체중을 발끝으로 이동시켜 땅바닥을 밀어내듯 찬다. 2015년 4월 《네이처》에 게재된 콜린스 교수 연구팀의 논문으로, 이런 운동으로 소모되는 에너지가 전진 운동으로 원활하게 전환되지 않는다는 사실이 판명되었다.

연구팀은 다리의 진자 운동 에너지를 장딴지의 근육 수축력으로 변환하는 보조기구를 개발했다. 줄자처럼 자동으로 감겨 들어가는 방식의 장치를 갖춘 탄소섬유 재질의 외골격 기기다. 완전한 기계식이어서 전원을 전혀 사용하지 않는다. 이 장치를 양쪽 다리에 차면 보행 효율이 7퍼센트나 개선된다. 겨우 그 정도냐고 실망할 수도 있겠지만, 4킬로그램의 추가 하중을 짊어지고 산길을 걷는 에너지를 증가한 정도에 해당한다. 즉, 사람의 보행은 아직 최적화되지 않았다.

걸을 일이 많은 사람이 이런 보조기구를 장착하면 업무 효율이 향상되므로 후속 연구가 이루어져 반가운 소식이 들릴 수도 있다. 그러나 무엇보다 나는 이 논문을 읽고 '인체의 효율화'가 아직 완전히 끝나지 않았고, 진화의 여지가 남았다는 사실에 오히려 안도했다.

"더는 발전의 여지가 없다"라는 선언을 들으면 오히려 아쉬울 것이다. 우리 인체가 얼마나 잘 만들어졌는지 재발견한 뜻깊은 연구다.

심리실험 59

고수의 고유한 자극취를 느끼고 좋아하는 사람이 14퍼센트에 불과하다는데?!

**도쿄대 이케가야 교수의
'고수 유전자 분석과 풍미 조사'**

고수를 듬뿍 넣어서 먹는 사람이 있는가 하면, 전혀 입에 대지 않는 사람도 있다. 고수는 고대 로마 시대에도 인류가 즐겨 먹던 식물인데, 왜 많은 사람에게 사랑받지 못할까? 미국의 유전자 검사 회사 '23andMe'는 1만 5,000명가량의 서양인 유전자를 분석하고 동시에 고수의 풍미를 어떻게 느끼는지 설문 조사했다. 고수에는 신선향과 자극취가 공존하는데, 자극취를 느끼는 사람은 인구의 14퍼센트 정도 된다고 한다. 염색체를 총망라해서 해독 분석해 고수의 자극취를 느끼는 유전자를 찾아냈더니, 예상대로 후각 안테나 유전자였다.
후각 안테나는 1,000자 가까운 DNA에 코딩되어 있는데, 한 글자가 변이해 고수 자극취를 노린재 자극취와 혼동한다. 고수에 대한 기호 조사 결과 고수를 싫어하는 사람은 대부분 '자극취'를 그 이유로 꼽았다.

고수는 지중해 연안이 원산지로 추정되는데, 현재는 지중해 연안뿐 아니라 전 세계에서 널리 식용으로 사용된다. 그래서 '팍치', '샹차이(香菜)', '실란트로(cilantro)', '중국 파슬리' 등 국가와 요리에 따라 다양한 이름으로 불린다. 여기서는 대중적으로 가장 널리 사용하는 '고수'로 표기한다.

고수는 이집트 투탕카멘의 무덤에서도 발견되었다. 고대 로마 시대에도 고수가 널리 재배된 것으로 보아 옛날부터 인류가 즐겨 먹던 식용 식물이라고 할 수 있다. 그런데 이 정도로 보급된 식재료임에도 많은 사람에게 사랑받지 못한다는 사실이 신기하다. 고수를 샐러드에 듬뿍 올려서 먹는 사람이 있는가 하면, 역겹다며 전혀 입에 대지 않는 사람도 있다. 고수와 마찬가지로 전 세계인이 즐겨 먹는 옥수수와 바나나는 이 정도로 호불호가 명확하지 않다. 세계적인 식재료 중에서 고수는 지지율이 특히 낮다.

나는 고수에서 나는 노린재의 악취와 비슷한 자극적인 냄새가 좋아서 즐겨 먹는다. "거, 취향 한번 고약하네요"라는 말을 들을 수 있겠다 싶어 지인에게 털어놓았다. 그러자 그는 "노린재 냄새와는 완전히 다르지. 그보다는 나무가 우거진 싱그러

운 자연을 연상시켜 마음이 편안해지는 상쾌한 향기라고 할 수 있지!"라며 반론을 제기했다. 적지 않은 사람이 지인의 의견에 동감한다는 사실을 깨달았다.

화학적으로 설명하면 노린재의 자극적인 냄새 성분은 '2-헥센알(hexenal)'이다. 그리고 고수 특유의 자극적인 냄새는 주로 '2-데센알(decenal)'이다. 둘 다 지방족 알데하이드인데, 확실히 그의 말이 옳다. 화합물로서는 다른 물질이다. 내가 둘을 같은 냄새라고 느끼는 현상은 내 후각 안테나(지인과 달리)가 두 화합물에 같은 반응을 보이기 때문일 것이다.

냄새를 느끼는 방식에도 개인차가 있다니 참으로 신기하다고 감탄하던 차에 미국의 유전자 검사 회사 '23andMe'에서 1만 5,000명가량의 서양인 유전자를 분석하고 동시에 고수의 풍미를 어떻게 느끼는지 설문 조사를 실시한 논문을 발표했다.

고수에는 신선향과 자극취 두 종류가 공존한다. 후자의 자극취가 노린재 냄새다. 이번 조사 결과에 따르면, 이 자극취를 느끼는 사람은 인구의 14퍼센트였다. 고작 14퍼센트라니! 나는 태어나서 지금까지 줄곧 느껴온 이 감각이 유일무이한 후각이어서 절대적으로 신뢰했기에 내 감각이 소수파에 속한다고는 상상도 하지 못했다.

염색체를 총망라해서 해독 분석해 고수의 자극취를 느끼는 유전자를 찾아냈는데, 예상대로 후각 안테나 유전자였다. 후각 안테나는 1,000자 가까운 DNA에 코딩되어 있는데, 한 글자가 변이해 고수 자극취를 노린재 자극취와 혼동한다. 한편 고수에 대한 기호 조사에 따르면, 고수를 싫어하는 사람은 대부분 '자극취'를 이유로 꼽았다. 즉, 노린재 냄새를 참을 수 없어 고수를 싫어하는 셈이다.

이 조사 결과 역시 뜻밖이었다. 말로 형용할 수 없는 노린재 냄새를 용기 내어 입안에 넣는 사람들에게는 이상하게 비칠 수 있는 자학적 구도가 나에게는 이루 말할 수 없는 쾌감이기에, 아무래도 내 취향에는 다른 요소가 잠재해 있는 것 아닐까 하는 생각이 들었다.

참고문헌

Abraham, E. et al., Father's brain is sensitive to childcare experiences, *PNAS* 111, 9792-9797 (2014).

Alter, A. L. & Oppenheimer, D. M., Uniting the tribes of fluency to form a metacognitive nation, *Personality and Social Psychology Review* 13, 219-235 (2009).

Aronson, E. & Mills, J., The Effect of Severity of Initiation on Liking for a Group, *The Journal of abnormal and social psychology* 59, 177–181 (1959).

Berna, F. et al., Microstratigraphic evidence of in situ fire in the Acheulean strata of Wonderwerk Cave, Northern Cape province, South Africa, *PNAS* 109, E1215-1220 (2012).

Bestion, E., Teyssier, A., Richard, M., Clobert, J. & Cote, J., Live Fast, Die Young: Experimental Evidence of Population Extinction Risk due to Climate Change, *PLoS Biology* 13, e1002281 (2015).

Bohannon, J., The synthetic therapist, *Science* 349, 250-251 (2015).

Bowling, M., Burch, N., Johanson, M. & Tammelin, O., Heads-up limit hold'em poker is solved, *Science* 347, 145-149 (2015).

Brom, M., Laan, E., Everaerd, W., Spinhoven, P. & Both, S., Extinction and renewal of conditioned sexual responses, *PLOS ONE* 9, e105955 (2014).

Bronstein, A. M., Bunday, K. L. & Reynolds, R., What the "broken escalator" phenomenon teaches us about balance, *Annals of the New York Academy of Sciences* 1164, 82-88 (2009).

Brooks, M., How to win at rock, paper or scissors?, *New Scientist* 196, 66-67 (2007).

Brown, N. & Sandholm, T., Superhuman AI for multiplayer poker, *Science* 365, 885-890 (2019).

Burke, M., Hsiang, S. M. & Miguel, E., Global non-linear effect of temperature on economic production, *Nature* 527, 235-239 (2015).

Burkett, J. P. et al., Oxytocin-dependent consolation behavior in rodents, *Science* 351, 375-378 (2016).

Burma, J. H., Humor as a technique in race conflict, *American Sociological Review* 11, 710-715 (1946).

Cantor, J. R., Laughing Matter: A Symposium: What is funny to whom? The role of gender, *Journal of Communication* 26, 164-172 (1976).

Carlson, J. & Wahlgren, M., Plasmodium falciparum erythrocyte rosetting is mediated by promiscuous lectin-like interactions, *Journal of Experimental Medicine* 176, 1311-1317 (1992).

Charrier, C. et al., Inhibition of SRGAP2 function by its human-specific paralogs induces neoteny during spine maturation, *Cell* 149, 923-935 (2012).

Cho, M. M., DeVries, A. C., Williams, J. R. & Carter, C. S., The effects of oxytocin and vasopressin on partner preferences in male and female prairie voles (Microtus ochrogaster), *Behavioral Neuroscience* 113, 1071-1079 (1999).

Choleris, E., Pfaff, D. W. & Kavaliers, M., *Oxytocin, vasopressin and related peptides in the regulation of behavior*, Cambridge University Press (2013).

Collins, S. H., Wiggin, M. B. & Sawicki, G. S., Reducing the energy cost of human walking using an unpowered exoskeleton, *Nature* 522, 212-215 (2015).

Consortium, C.S.a.A., Initial sequence of the chimpanzee genome and comparison with the human genome, *Nature* 437, 69-87 (2005).

Cowell, J. M. & Decety, J., Precursors to morality in development as a complex interplay between neural, socioenvironmental, and behavioral facets, *PNAS* 112, 12657-12662 (2015).

Crowther, T. W. et al., Mapping tree density at a global scale, *Nature* 525, 201-205 (2015).

Darimont, C. T., Fox, C. H., Bryan, H. M. & Reimchen, T. E., The unique ecology of human predators, *Science* 349, 858-860 (2015).

de Lavilleon, G., Lacroix, M. M., Rondi-Reig, L. & Benchenane, K., Explicit memory creation during sleep demonstrates a causal role of place cells in navigation, *Nature Neuroscience* 18, 493-495 (2015).

Dennis, M. Y. et al., Evolution of human-specific neural SRGAP2 genes by incomplete segmental duplication, *Cell* 149, 912-922 (2012).

Dutton, D. G. & Painter, S. L., Traumatic Bonding: The development of emotional attachments in battered women and other relationships of intermittent abuse, *Victimology* 6, 139-155 (1981).

Dutton, D. G. & Painter, S. L., Emotional attachments in abusive relationships: a test of traumatic bonding theory, *Violence and Victims* 8, 105-120 (1993).

Engelmann, J. M. & Herrmann, E., Chimpanzees Trust Their Friends, *Current Biology* 26, 252-256 (2016).

Eriksson, N. et al., A genetic variant near olfactory receptor genes influences cilantro preference, *Flavour* 1(2012).

Fehr, E., On the economics and biology of trust, *Journal of the European Economic Association* 7, 235-266 (2009).

Finn, E. S. et al., Functional connectome fingerprinting: identifying individuals using patterns of brain connectivity, *Nature Neuroscince* 18, 1664-1671 (2015).

Fukushima, K., Neocognitron: a self organizing neural network model for a mechanism of pattern recognition unaffected by shift in position, *Biological Cybernetics* 36, 193-202 (1980).

Furnham, A., Belief in a just world: research progress over the past decade, *Personality and Individual Differences* 34, 795–817 (2003).

Gino, F. & Ariely, D., The dark side of creativity: original thinkers can be more dishonest, *Journal of Personality and Social Psychology* 102, 445-459 (2012).

Gino, F., Norton, M. I. & Ariely, D., The counterfeit self: the deceptive costs of faking it, *Psychological Science* 21, 712-720 (2010).

Goel, S. et al., RIFINs are adhesins implicated in severe Plasmodium falciparum malaria, *Nature Medicine* 21, 314-317 (2015).

Gross, M., Animal moves reveal bigger picture, *Current Biology* 25, R585-588 (2015).

Hamlin, J. K., Wynn, K. & Bloom, P., Three-month-olds show a negativity bias in their social evaluations, *Developmental Science* 13, 923-929 (2010).

Hansen, T., Olkkonen, M., Walter, S. & Gegenfurtner, K. R., Memory modulates color appearance, *Nature Neuroscince* 9, 1367-1368 (2006).

Hauser, O. P., Rand, D. G., Peysakhovich, A. & Nowak, M. A., Cooperating with the future, *Nature* 511, 220-223 (2014).

Hinton, G. E., Osindero, S. & Teh, Y. W., A fast learning algorithm for deep belief nets, *Neural Computation* 18, 1527-1554 (2006).

Hjelmervik, H., Westerhausen, R., Hirnstein, M., Specht, K. & Hausmann, M., The neural correlates of sex differences in left-right confusion, *Neuroimage* 113, 196-206 (2015).

Horikawa, T., Tamaki, M., Miyawaki, Y. & Kamitani, Y., Neural decoding of visual imagery during sleep, *Science* 340, 639-642 (2013).

Hu, X., Antony, J. W., Creery, J. D., Vargas, I. M., Bodenhausen, G. V. & Paller, K. A., Unlearning implicit social biases during sleep, *Science* 348, 1013-1015(2015).

Hut, R. A., Pilorz, V., Boerema, A. S., Strijkstra, A. M. & Daan, S., Working for food shifts nocturnal mouse activity into the day, *PLOS ONE* 6, e17527 (2011).

Igata, H., Sasaki, T. & Ikegaya, Y., Early Failures Benefit Subsequent Task Performance, *Scientific Reports* 6, 21293 (2016).

Ihle M., Kempenaers B., Forstmeier, W., Fitness Benefits of Mate Choice for Compatibility in a Socially Monogamous Species, *PLoS Biology* 13 e1002248 (2015).

Ikegaya, Y. et al., Synfire chains and cortical songs: temporal modules of cortical activity, *Science* 304, 559-564 (2004).

Jensen, G. D., Preference for bar pressing over "freeloading" as a function of number of rewarded presses, *Journal of experimental psychology* 65, 451-454 (1963).

Joshi, P. K. et al., Directional dominance on stature and cognition in diverse human populations, *Nature* 523, 459-462 (2015).

Kachroo, A. H. et al., Systematic humanization of yeast genes reveals conserved functions and genetic modularity, *Science* 348, 921-925 (2015).

Kays, R., Crofoot, M. C., Jetz, W. & Wikelski, M., Terrestrial animal tracking as an eye on life and planet, *Science* 348, aaa2478 (2015).

Kim, S., Fonagy, P., Koos, O., Dorsett, K. & Strathearn, L., Maternal oxytocin response predicts mother-to-infant gaze, *Brain Research* 1580, 133-142 (2014).

Klar, A. J., Human handedness and scalp hair-whorl direction develop from a common genetic mechanism, *Genetics* 165, 269-276 (2003).

Koffer, K. & Coulson, G., Feline indolence: Cats prefer free to response-produced food, *Psychonomic Science* 24, 41–42 (1971).

Koh, J. S. et al., BIOMECHANICS. Jumping on water: Surface tension-dominated jumping of water striders and robotic insects, *Science* 349, 517-521 (2015).

Kosfeld, M., Heinrichs, M., Zak, P. J., Fischbacher, U. & Fehr, E., Oxytocin increases trust in humans, *Nature* 435, 673-676 (2005).

Kovas, Y. et al., Why children differ in motivation to learn: Insights from over 13,000 twins from 6 countries, *Personality and Individual Differences* 80, 51-63 (2015).

Lake, B. M., Salakhutdinov, R. & Tenenbaum, J. B., Human-level concept learning through probabilistic program induction, *Science* 350, 1332-1338 (2015).

Langlois, J. H. & Roggman, L. A., Attractive faces are only average, *Psychological Science* 1, 115-121 (1900).

Lester, D., Predicting suicide in nations, *Archives of Suicide Research* 9, 219-223 (2005).

Libet, B., Gleason, C. A., Wright, E. W. & Pearl, D. K., Time of conscious intention to act in relation to onset of cerebral activity (readiness-potential). The unconscious initiation of a freely voluntary act, *Brain* 106 (Pt 3), 623-642 (1983).

Lim, M. M. et al., Enhanced partner preference in a promiscuous species by manipulating the expression of a single gene, *Nature* 429, 754-757 (2004).

Linhart, S., *Ken no bunkashi*, Kadokawa (1998).

Lucas, P. W. et al., A brief review of the recent evolution of the human mouth in physiological and nutritional contexts, *Physiology & Behavior* 89, 36-38 (2006).

Lukas, D. & Clutton-Brock, T., Cooperative breeding and monogamy in mammalian societies, *Proceedings of the Royal Society B* 279, 2151-2156 (2012).

Lyons, I. M. & Beilock, S. L., Mathematics anxiety: separating the math from the anxiety, *Cerebral cortex* 22, 2102-2110 (2011).

McClelland, D. C., *Human motivation*, Cambridge University Press (1987).

McClelland, D. C., *The achieving society*, Van Nostrand (1961).

Mnih, V. et al., Human-level control through deep reinforcement learning, *Nature* 518, 529-533 (2015).

Nagasawa, M. et al., Social evolution. Oxytocin-gaze positive loop and the coevolution of human-dog bonds, *Science* 348, 333-336 (2015).

Norimoto, H. & Ikegaya, Y., Visual cortical prosthesis with a geomagnetic compass restores spatial navigation in blind rats, *Current Biology* 25, 1091-1095 (2015).

O'Doherty, J., Kringelbach, M. L., Rolls, E. T., Hornak, J. & Andrews, C., Abstract reward and punishment representations in the human orbitofrontal cortex, *Nature Neuroscience* 4, 95-102 (2001).

Okhovat, M., Berrio, A., Wallace, G., Ophir, A. G. & Phelps, S. M., Sexual fidelity trade-offs promote regulatory variation in the prairie vole brain, *Science* 350, 1371-1374 (2015).

Okhovat, M. et al., Sexual fidelity trade-offs promote regulatory variation in the prairie vole brain, *Science* 350, 1371-1374 (2015).

Ostrove, N. & Sigall, H. Beautiful but dangerous: Effects of offender attractiveness and nature of the crime on juridic judgment, *Journal of Personality and Social Psychology* 31, 410-414 (1975).

Pais-Vieira, M., Chiuffa, G., Lebedev, M., Yadav, A. & Nicolelis, M. A., Building an organic computing device with multiple interconnected brains, *Scientific Reports* 5, 11869 (2015).

Parbery-Clark, A., Skoe, E., Lam, C. & Kraus, N., Musician enhancement for speech-in-noise, *EAR and HEARING* 30, 653-661 (2009).

Pegado, F. et al., Timing the impact of literacy on visual processing, *PNAS* 111, E5233-5242 (2014).

Peng, Y. et al., Sweet and bitter taste in the brain of awake behaving animals, *Nature* 527, 512-515 (2015).

Pettit, B., Ákos, Z., Vicsek, T. & Biro, D., Speed Determines Leadership and Leadership Determines Learning during Pigeon Flocking, *Current Biology* 25, 3132-3137 (2015).

Podolny, S., If an algorithm wrote this, How would you even know?, *New York Times* 7, March (2015).

Pöschel, T. & Gallas, J. A., Synchronization effects in the dynamical behavior of elevators, *Physical Review E* 50, 2654-2659 (1994).

Power, R. A. et al., Polygenic risk scores for schizophrenia and bipolar disorder predict creativity, *Nature Neuroscince* 18, 953-955 (2015).

Puri, P., Computers wrote 1 billion articles last year. Will journalists soon be extinct?, *Catch News* 15, June (2015).

Ramakrishnan, A. et al., Computing Arm Movements with a Monkey Brainet, *Scientific Reports* 5, 10767 (2015).

Ranasinghe, N., Nakatsu, R., Nii, H. & Gopalakrishnakone, P., Tongue mounted interface for digitally actuating the sense of taste, *International Symposium on Wearable Computers* 16, 80–87 (2012).

Richter, N., Tiddeman, B. & Haun, D. B., Social Preference in Preschoolers: Effects of Morphological Self-Similarity and Familiarity, *PLOS ONE* 11, e0145443 (2016).

Rigal, R., Right-left orientation: development of correct use of right and left terms, *Perceptual and Motor Skills* 79, 1259-1278 (1994).

Roediger, H. L. & DeSoto, K. A., Forgetting the presidents, *Science* 346, 1106-1109 (2014).

Rosati, A. G., Stevens, J. R., Hare, B. & Hauser, M. D., The evolutionary origins of human patience: temporal preferences in chimpanzees, bonobos, and human adults, *Current Biology* 17, 1663-1668 (2007).

Sarkar, A., Dowker, A. & Cohen Kadosh, R., Cognitive enhancement or cognitive cost: trait-specific outcomes of brain stimulation in the case of mathematics anxiety, *Journal of Neuroscience* 34, 16605-16610 (2014).

Scott, I. M. et al., Human preferences for sexually dimorphic faces may be evolutionarily novel, *PNAS* 111, 14388-14393 (2014).

Shahin, A., Bosnyak, D. J., Trainor, L. J. & Roberts, L. E., Enhancement of neuroplastic P2 and N1c auditory evoked potentials in musicians, *Journal of Neuroscience* 23, 5545-5552 (2003).

Sharma, A., Kraus, N., McGee, T. J. & Nicol, T. G., Developmental changes in P1 and N1 central auditory responses elicited by consonant-vowel syllables, *Electroencephalography and Clinical Neurophysiology* 104, 540-545 (1997).

Shoda, Y., Mischel, W. & Peake, P. K., Predicting adolescent cognitive and selfregulatory competencies from preschool delay of gratification: Identifying diagnostic conditions, *Developmental Psychology* 26, 978–986 (1990).

Skinner, M. M. et al., Human-like hand use in Australopithecus africanus, *Science* 347, 395-399 (2015).

Snyder, S. H. & Childers, S. R., Opiate receptors and opioid peptides, *Annual Review of Neuroscience* 2, 35-64 (1979).

Stahl, A. E. & Feigenson, L., Observing the unexpected enhances infants' learning and exploration, *Science* 348, 91-94 (2015).

Stajic, J., Stone, R., Chin, G. & Wible, B., Artificial Intelligence. Rise of the machines, *Science* 349, 248-249 (2015).

Stephens, G. J., Silbert, L. J. & Hasson, U., Speaker-listener neural coupling underlies successful communication, *PNAS* 107, 14425-14430 (2010).

Sullivan, R. M. et al., Enduring good memories of infant trauma: rescue of adult neurobehavioral deficits via amygdala serotonin and corticosterone interaction, *PNAS* 112, 881-886 (2015).

Tarte, R. D., Contrafreeloading in humans, *Psychological Reports* 49, 859-866 (2016).

Templeton, G., Rock Paper Scissors robot wins 100% of the time. *Extreme Tech* 18, September (2015).

Tierney, A. T., Krizman, J. & Kraus, N., Music training alters the course of adolescent auditory development, *PNAS* 112, 10062-10067 (2015).

Tierney, A., Krizman, J., Skoe, E., Johnston, K. & Kraus, N., High school music classes enhance the neural processing of speech, *Frontiers in Psychology* 4, 855 (2013).

Tomasetti, C. & Vogelstein, B., Cancer etiology. Variation in cancer risk among tissues can be explained by the number of stem cell divisions, *Science* 347, 78-81 (2015).

van Osch, Y., Blanken, I., Meijs, M. H. J. & van Wolferen, J., A group's physical attractiveness is greater than the average attractiveness of its members: the group attractiveness effect, *Personality and Social Psychology Bulletin* 41, 559-574 (2015).

Vincent, J. F., Bogatyreva, O. A., Bogatyrev, N. R., Bowyer, A. & Pahl, A. K., Biomimetics: its practice and theory, *Journal of the Royal Society*. Interface 3, 471-482 (2006).

Wald, C., The aesthetic brain, *Nature* 526, S2-3 (2015).

Walker, D. & Vul, E., Hierarchical encoding makes individuals in a group seem more attractive, *Psychological Science* 25, 230-235 (2014).

Waltz, E., Engineers of scent, *Nature Biotechnology* 33, 329-332 (2015).

Walum, H. et al., Genetic variation in the vasopressin receptor 1a gene (AVPR1A) associates with pair-bonding behavior in humans, *PLAS* 105, 14153-14156 (2008).

Wang, Z. et al., Who is afraid of math? Two sources of genetic variance for mathematical anxiety, *Journal of Child Psychology and Psychiatry* 55, 1056-1064 (2014).

Wang, Z., Xu, B. & Zhou, H. J., Social cycling and conditional responses in the Rock-Paper-Scissors game, *Scientific Reports* 4, 5830 (2014).

Warneken, F., Rosati, A. G., Cognitive capacities for cooking in chimpanzees, *Proceedings of the Royal Society B* 282, 20150229 (2015)

Watts, T. W., Duncan, G. J. & Quan, H., Revisiting the Marshmallow Test: A Conceptual Replication Investigating Links Between Early Delay of Gratification and Later Outcomes, *Psychological Science* 29, 1159-1177 (2018).

Weisbuch, M., Pauker, K. & Ambady, N., The subtle transmission of race bias via televised nonverbal behavior, *Science* 326, 1711-1714 (2009).

Winder, N. P. & Winder, I. C., Complexity, compassion and self-organisation: human evolution and the vulnerable ape hypothesis, *Internet Archaeology* 40(2015).

Wojcik, S. P., Hovasapian, A., Graham, J., Motyl, M. & Ditto, P. H., Conservatives report, but liberals display, greater happiness, *Science* 347, 1243-1246 (2015).

Wolf, S. M., Difficulties in right-left discrimination in a normal population, *Archives of Neurology* 29, 128-129 (1973).

Young, L. J., Nilsen, R., Waymire, K. G., MacGregor, G. R. & Insel, T. R., Increased affiliative response to vasopressin in mice expressing the V1a receptor from a monogamous vole, *Nature* 400, 766-768 (1999).

Zajonc, R. B., Attitudinal effects of mere exposure, *Journal of Personality and Social Psychology* 9, 1-27 (1968).